目　次

第1章　警察国語としての話し方 …………………………………… 1

第1　基本的考え方──「警察官が話す」ということ ………………… 1

1　警察の責務から考える………………………………………………… 1
　(1)　警察の責務と「話す」こと………………………………………… 1
　(2)　警察の仕事と「話す」こと………………………………………… 1
　　ア　犯罪捜査の場合………………………………………………… 1
　　イ　他の職務執行の場合…………………………………………… 2
　　ウ　警察部内の場合………………………………………………… 3
2　職務倫理等から考える………………………………………………… 3
3　社会人としての立場から考える……………………………………… 4
　(1)　プロとしての話し方の本質……………………………………… 4
　(2)　結果・段取り・正確さの具体例………………………………… 5
　(3)　プロとしての「結果・段取り・正確さ」──実戦的考え方……… 6
　　ア　結果からの逆算………………………………………………… 6
　　イ　結果のための段取り…………………………………………… 7
　　ウ　結果／段取りのための正確さ………………………………… 7
4　基本的考え方のまとめ………………………………………………… 8

第2　具体的話し方──実戦的ルール ……………………………… 9

1　警察官話し方4原則…………………………………………………… 9
2　警察官話し方8テクニック──現実の場面において………………18
3　警察官話し方実戦的例文──英語の教科書的に……………………38

(1)　イリの場面…………………………………………………39
　　　　ア　上司に対して……………………………………………39
　　　　イ　電話の場面………………………………………………40
　　　　ウ　街頭の場面／市民接遇の場面…………………………41
　　　(2)　ウケの場合…………………………………………………42
　　　　ア　上司に対して……………………………………………42
　　　　イ　電話の場面………………………………………………44
　　　　ウ　街頭の場面／市民接遇の場面…………………………47
　　　(3)　敬語例文……………………………………………………51
　　　　ア　相手を上げる敬語（尊敬語）…………………………51
　　　　イ　自分を下げる敬語（謙譲語）…………………………52
　　　　ウ　警察国語としての敬語の在り方………………………53
　　4　いわゆる「六何の原則」………………………………………60

第2章　警察国語としての書き方……………………………63

第1　基本的考え方──「警察官が書く」ということ　……………63

第2　公用文の書き方（人工言語の文法）……………69

　1　公用文の文体……………………………………………………70
　2　件名（標題）……………………………………………………70
　3　性質略記…………………………………………………………71
　4　文書記号、文書番号、年月日、宛名、発出者名等…………71
　5　文書スタイル……………………………………………………72
　6　区切り符号（いわゆるマルポツ）……………………………77
　　(1)　「。」（マル）………………………………………………77
　　(2)　「、」（ポツ、てん）………………………………………79

⑶　「・」（ナカポツ、なかてん）……………………………79
　⑷　「」（カギ／トジカギ、かぎ括弧）…………………………80
　⑸　その他の区切り符号………………………………………80
７　公用文特有の文法（代表的なもの）………………………81
　⑴　概説……………………………………………………………81
　⑵　「及び」「並びに」…………………………………………83
　⑶　「又は」「若しくは」………………………………………85
　⑷　「かつ」………………………………………………………89
　⑸　「等」「など」………………………………………………90
　⑹　「その他」「その他の」……………………………………93
　⑺　「場合」「とき」「この場合において」「ただし」………94
　⑻　「者」「物」「もの」………………………………………97
　⑼　「に係る」「に関する」……………………………………98
　⑽　「以上／以下」「超える／未満」「以前／以後」「前／後」………99
　⑾　「当該」………………………………………………………100
　⑿　「から」「より」……………………………………………101
　⒀　「証明」「疎明」……………………………………………101
　⒁　「推定する」「みなす」……………………………………102
　⒂　「直ちに」「速やかに」「遅滞なく」……………………102
　⒃　「しなければならない」「するものとする」「努めなければならない（努めるものとする）」……………………………103
　⒄　用字用語表記法………………………………………………103

第3　文章のチェックポイント7箇条 ……………………105

第4　メモの取り方……………………………………………111
　１　メモの重要性──職務執行等に直結していること ……111
　２　具体的なメモの取り方 ……………………………………113

(1)　逐語的に取る …………………………………………113
　(2)　自分に分かればよい …………………………………113
　(3)　取捨選択しない ………………………………………113
　(4)　スピード感を体得する ………………………………114
　(5)　筆記速度を上げる工夫をする ………………………114
　(6)　略字・記号等を活用する ……………………………115
　3　メモの処理 …………………………………………………116

付　　録 ……………………………………………………………119

　1　用字用語例のうち特に注意すべきもの ………………119
　2　用字用語例（厳選版） …………………………………121

第1章　警察国語としての話し方

第1　基本的考え方──「警察官が話す」ということ

1　警察の責務から考える
(1)　警察の責務と「話す」こと

　　警察の責務は、「①個人の生命、身体及び財産の保護」「②公共の安全と秩序の維持」ですが（警察法第2条）、①はまさに個々の人を守る任務です。そして②もまた、社会・国家を対象とすることにより、個々の人々多数を守る任務といえます。

　　すなわち、警察の仕事は、全て、個々の人を守るものです。また、その仕事は、個々の人と関わることによって行われます。そして、その関わり方は、ほとんどが「話す」ことによって行われます。

(2)　警察の仕事と「話す」こと
ア　犯罪捜査の場合

　　①の責務について、具体的な場面を考えると、例えば、ひったくりの被害に遭った方がいるとする。すると当然、被害者の方からお話を聴き、かつ、被害者の方とお話をしなければなりません。目撃者の方が発見できれば、その方ともお話をする必要があるでしょう。あるいは、防犯カメラ映像を提出していただくとなれば、その方とも。はたまた、被疑者の追及捜査をしてくれた同僚がいれば、その同僚とも。もちろん、被疑者検挙に至れば、その被疑者の話をじっくり聴き、かつ、そのために必要な質問をするなどして、密接なコミュニケーションを図らなければなりません。しかも、捜査方針をめぐり、同僚・上司・警察本部の担当者・検察官等とも、検討・協議する必要がありますね。令状請求、証人出廷

等では、裁判官ともお話をすることになります。

　そしてこれは、②の責務についても変わりません。極端な例でいえば、騒乱だろうと、大規模テロだろうと、そこには被害者がいて、参考人がいて、被疑者がいます。同僚がいて、上司がいて、関係先があります。

　こうした個々の人とコミュニケーションをするのが、具体的な場面における、警察の仕事です。それが、例えば供述調書という結果になり、さらにそれが、被疑者の起訴、有罪判決の確定といった結果になっていきます。

　こうした切り口からは、警察官の仕事は「話す」ことだといえます。

　もちろん、一方的にしゃべるのではなく、むしろ「話し合う」「理解し合う」ことです。だから、コミュニケーションという言葉を用いました。

イ　他の職務執行の場合

　誰もが経験する職務質問・巡回連絡は、犯罪捜査と同様に、あるいはそれ以上に、個々の人とコミュニケーションをする仕事です。例えば、職務質問では、「警職法第2条に規定する不審者ではあるけれど、いまだ被疑者とはいえない」「既に行われた犯罪について知っている者ではあるけれど、まさか被疑者とはいえない」といった人々と、じっくりお話をします。それは、お話し合いのステージによって、参考人とのお話に準ずるものともなれば、いよいよ被疑者との話に準ずるものともなれば、ひょっとしたら、被害者の方とのお話になっていくかもしれません。そのコミュニケーションの重要性と戦略性は、犯罪捜査の場合と何ら変わらないでしょう。いえ、もっと大切といえるかもしれません。

　あるいは、巡回連絡の場面。これは「まさか被疑者ではない」「参考人であることもないだろう」という、一般の方々との、日常的なコミュニケーションです。とすれば、そこでは、被疑者の取調べ、不審者に対する職務質問、被害者との関係構築等のどれとも異なるコミュニケーションが必要となってきます。そして、それは強制、有形力の行使等の要素

を持たない以上、まさに、警察官の人間力・常識力を活用しなければならないコミュニケーションとなります。

そうしたコミュニケーションが、例えば繁華街における覚醒剤事犯の検挙によって個々の人を守ることになり、例えば地域社会における児童虐待に係る情報、異臭の発生に係る情報等の入手によって個々の人を守ることになる。そうした結果が、警察の責務を果たすことにつながっていく。

こうした切り口からも、警察官の仕事は「話す」ことだといえます。

ウ　警察部内の場合

アとイでは、いわば、警察官の対外的な仕事における「話す」ことの重要性をみてきました。

しかし、既に「同僚」「上司」「検察官」「裁判官」という例が出たように、警察官が話さなければならないのは、部外の、いわばお客様だけにとどまりません。どのような職務執行であっても、同僚・上司といった部内の者とのコミュニケーションは、不可欠です。それは、職務質問の現場における連携でもあれば、会議のスタイルをとる事件検討でもあり、捜査の進捗状況の報告でもあるでしょう。あるいは、夜間に発生した突発事案の電話報告ということも、もっと日常的な、行政書類の決裁ということも考えられます。はたまた、厳密には部内の方ではありませんが、いわば一緒に仕事をやっていく検察官、裁判官、他の捜査機関等とのコミュニケーションも、不可欠です。そうしたことがスムーズに行われなければ、警察の意思決定が遅れ、結局、警察が守るべき個々の人に、何らかのダメージが及ぶことにもなります。すると結果が出せず、警察の責務が果たせないことになる。

こうした切り口からも、警察官の仕事は「話す」ことです。

2　職務倫理等から考える

警察職員の職務倫理及び服務に関する規則（平成12年国家公安委員会規則第1号）第2条第1項は、警察官に対し、「国民の信頼にこたえることがで

きるよう」にするため職務倫理を保持することを義務付けています。また同条第2項第4号は、「人格を磨き、能力を高め、自己の充実に努めること」を、職務倫理の基本の1つとしています。

また、地域警察運営規則（昭和44年国家公安委員会規則第5号）第2条第2項は、「市民に対する積極的な奉仕を行い、市民との良好な関係を保持する」ことを努力義務としています。

これらと、1で見た結論とを併せて考えると、次の結論が導かれます。

第1に、警察の仕事は「話す」ことなのであるから、そのために人格を磨き、話す能力を高め、話し方の充実に努めることは、警察官の基本であること。

第2に、警察の仕事は「話す」ことなのであるから、話すことを通じて、市民に対する積極的な奉仕を行い、市民との良好な関係を保持することが、警察官の義務であること。

すなわち、警察官が「話す」ということは、おしゃべりではなく、また単純なコミュニケーションではなく、職務倫理の実践の1つであり、かつ、市民への奉仕の1つなのです。またすなわち、単純なコミュニケーションではなく、全ての基本となるものであり、全てにおいて義務となるものです。

3 社会人としての立場から考える

(1) プロとしての話し方の本質

警察官は、社会人です。その責務・職務倫理についてはもう述べましたが、社会人には、それらと同様に重要な義務があります。

すなわち、給料（俸給）に応じた仕事をして、結果を出すことです。それがプロです。

そして、1と2でみたとおり、警察官の仕事とは、「話す」ことです。それが仕事の基本であり、また義務でもあります。

よって、給料に応じたコミュニケーションをして、結果を出す。これが、社会人としての警察官の義務です。

すると、警察官が話すというのは、結果を出すためのスキルです。です

ので、単純な「国語として正しいか」「文法として正しいか」「敬語は正しいか」「主語と述語が対応しているか」といった、生徒なり学生なりに求められるスキルとは、微妙に角度が違ってきます。

　そうした国語的なものが修得されているのであれば、それはそれで結構なことですが、実はそれは、警察官の話し方スキルの本質ではありません。例えば大規模災害、突発重大事案、あるいは荒れた職質現場では、そのような国語的なものなど、極論どうでもよいでしょう。深夜に署長、警察本部長等を叩き起こしてすぐ報告——といった場面でも、そのような国語的なものは、本質ではないはずです。あるいは、証人出廷の場合を考えましょう。流暢(りゅうちょう)に、美しく、国語的に乱れなく話すことが目的でしょうか？　より現実的には、取調べ室において、誰が国語の教科書を意識するでしょうか？

　ならば、警察官の話し方スキルの本質とは、何でしょうか。

　すなわち、警察官が「話す」ことにおいて、決定的に重要なことは何でしょうか。

　それは、「結果を出すために」「段取りを組んで」「正確な事実を伝える」ことです。

(2)　**結果・段取り・正確さの具体例**

　職務質問の場合を考えましょう。声掛けをするからには、狙い＝目的があるはずです。ここではシャブとしましょう。パケを出させる。発見する。これが「結果」です。すると、もう既に声掛けの時点で、作戦が始まっていなければなりません。密行警らから、いきなり型の声掛けにするのか。もう視認されているから、先手をとって朗らかな挨拶でいくか。もちろん声掛けは入口ですから、すぐ次の会話が必要です。どんなイリにするか。最初はどこから攻めるか。任意同行を掛けてしまうかどうか。拒否のパターンに応じて、どう指し手を進めるか。ポーチをどう開かせるか。車内をどう一緒に確認させるか。ポケットの裏をどう引っ繰り返させるか——言い始めると切りがありませんが、これが「段取り」ですね。そして職務執行

の過程で、ウソがあってはいけません。対象に、法律的な根拠を問われたら、どこまでをどう説明するか。どんな口調で説明するか。拒否の場合、警察官に何ができるかを、どこまでどう説明するか。どんな口調で説明するか。手続の適法性を担保するために、何をどこまで、どう説明しておかなければならないか——これが「正確さ」ですね。

　もっとシンプルな例を挙げましょう。当直時間帯に、帰宅してしまっている自分の上司に報告すべき事案がある。このとき目的は「事実を伝えて」「指揮を受ける」ことですね。しかし、深夜です。さらに、上司です。そこは常識的な社会人として、家族の方等にどう切り出すか、寝起きの上司にどう切り出すか、事実を伝える組立てをどうするか、そして、最終的にどうやって上司の判断をもらうか。ここにも、目指す結果があり、組むべき段取りがあり、確保すべき正確さがあります。

　「結果を出すために」「段取りを組んで」「正確な事実を伝える」。

　これは警察官の職務執行と警察官の勤務において、そのほとんどの場面において、必要なことです（例外は、雑談等でしょう）。ゆえに、警察官の話し方スキルの本質です。

⑶　プロとしての「結果・段取り・正確さ」——実戦的考え方
　ア　結果からの逆算
　　　もちろんここで「結果」とは、実績・成果にとどまらず、その場面において自分が実現したいことです。だから、被害者のこういう供述をもっと詰めるという「結果」もあれば、同僚との放火の邀撃捜査を気持ちよく行うという「結果」も、あるいはひょっとしたら、昇任試験の面接に合格するという「結果」もあるかもしれません。

　　　いずれにせよ、社会人＝プロとして、結果を想定していない話し方というのは、あり得ません。それは、民間企業の営業担当者が「商品を売り込む」という結果から全てを逆算して話していること、内科医が「診断をつけ、診療・処方を決める」という結果から全てを逆算して話していること、あるいは予備校の講師が「○○大学の受験に必要な数学の力

をつけさせる」という結果から全てを逆算して話していることと一緒です。

目的のないところ、結果も話し方も何もありません。

ゆえに、目的のない話を、雑談といいます。

イ　結果のための段取り

結果を出すのが社会人＝プロですから、そこには必ず作戦があります。いってみれば、想定している「棋譜(きふ)」「指し筋」「未来予測」がある。職質の例のとおり、もはやイリの声掛けの段階から、結果に至るステップが、意識されなければならないわけです。

より具体的には、「こう言えば、相手はこう出てくるだろう」「こう返されたら、こう言うのがこの相手にはよい」「この段階をクリアできたら、次はこの手を打つ」という、いわば将棋・囲碁のような、脳内の模擬戦(もぎせん)が既になければならない。

プロは、必ずこれをやっています。またそうでなければ、自分が望む「結果」と「イリ」を——大抵の場合、この２つにはかなりの距離がありますが——つなぐ橋を架けることなどできません（すなわちミッションは失敗し、給与に応じた働きができなくなります）。

これを言い換えると、自分が望む「結果」と「イリ」の間に、うまく「梯子(はしご)」「階段」をつくっていくこと。そのステップを踏んでゆけば、かなりの確率で結果が実現するだろうという「組立て」をつくっておくこと。これがプロとしての話し方に絶対必要な、したがって警察官の話し方に必要な「段取り」です。

ウ　結果／段取りのための正確さ

商品について正確なデータを伝えることができなければ、あるいは、商品の正確な魅力を伝えることができなければ、お客様を逃すでしょう。その信頼も失います。自分が職を失う可能性すらある。また、病気の正確な診断ができなければ、患者は死んでしまうかもしれない。職業倫理的にも問題ですが、巨額の賠償という現実的な問題もあります。さらに、

第1章 警察国語としての話し方

　どれだけ流暢でエキサイティングで人気の出る講義をしても、誤った知識を伝えてしまい、結果として生徒が目標とする大学に落ちてしまったら、何の意味もありません。
　よって、プロが目指す結果を実現するためには、少なくとも自分の中に、正確なデータ、知識等を入力しておく必要があります。料理でいえば、新鮮で良質な素材の調達です。
　また、どれだけ正確なデータ等があっても、それを相手に伝えることができなければ、何の意味もありません。料理でいえば、調理と盛りつけ、給仕です。そして料理のイメージで御理解いただけるとおり、そこにもまた「段取り」があり、組立てがあり、プレゼンがあります。
　まして、警察官は公務員です。実態論としては、街頭における法令の執行者です。営業担当者、医師、講師、料理人以上に、正確なデータ、正確な説明、正確なプレゼンが求められます。それが2でみた「国民の信頼」「市民との良好な関係の保持」につながるのです。これは、能書きでも謳い文句でもありません。プロがプロとして、現実的に、結果を出すために必要なことなのです。
　以上をまとめると、こうなります。
　「結果」を出すために、正確さが求められる。
　「段取り」を組むために、正確さが求められる。

4　基本的考え方のまとめ

(1)　警察官の仕事は、「話す」ことである。
(2)　警察官にとって「話す」ことは、職務倫理の実践であり、市民への奉仕である。
(3)　警察官にとって「話す」ことは、プロとしての義務である。
(4)　警察官が「話す」ことによって「結果」を出すのは、プロとしての義務である。
(5)　警察官が「話す」ことにおいて、国語的・文法的な正しさは、必ずしも本質ではない。

(6) 警察官が「話す」ことにおいて、決定的に重要なことは、「結果を出すために」「段取りを組んで」「正確な事実を伝える」ことである。
(7) 警察官が「話す」ことにおいて、結果から逆算をすることは、極めて重要である。
(8) 警察官が「話す」ことにおいて、結果のための段取りを組むことは、極めて重要である。
(9) 警察官が「話す」ことにおいては、段取りを組み、結果を出すため、正確さを大事にしなければならない。

第2　具体的話し方──実戦的ルール

1　警察官話し方4原則

原則1　事前に目的を考えること

　第1でみたとおり、プロが、仕事のために話すとき、そこに目的がないということはありません。言い換えれば、警察官が誰かと話すとき、そこには、その警察官が目的とする何かがあり、それを結果として獲得したいわけです。
　それは、取調べの場面であれば、被疑者の供述でしょう。職質の場面であれば、不審点の解明につながるブツです。巡回連絡の場面であれば、地域実態把握に資する情報でしょうし、上司に怒られに行く場面であれば、ダメージを最小限に抑えることです。
　いずれにせよ、それが喫煙所、懇親会等での雑談でないかぎり、話そうとする警察官には、「こうしたい」「こうなればいい」「これだけは防ぎたい」等々の具体的な目的があるはずです。
　ところが、警察における実務の現実をみていると、話し始める段階で──イリの段階で──これが必ずしも明確でない警察官が、少なくありません。自分の希望なのだから、それがハッキリしていないことはないだろう……と考えがちですが、しかし「自分でも結末が分からないし、話がどうなるか予想もつかないが、取りあえず話さないと」というノリと勢いで話し始めてしまう警察官

は、多いです。犬のおまわりさん的職質がそうでしょうし、コマ割りとしてこなしているだけの巡連がそうでしょうし、あるいは、とにかく怒られるから報告だけはしないと等といった切迫した事態も考えられます。

　しかし、自分でも目的が分からないのに、うまい結果が得られるはずもありません。

　何もすることはないけれど、取りあえずパソコンを起ち上げてみた。それでアウトプットされる仕事は、ゼロです。ワープロソフトを使いたいのか、表計算ソフトを使いたいのか、ネットをしたいのか。あるいはそれらのツールで何をしたいのか。それがハッキリ決まっていなければ、起動した画面とにらめっこしているだけになります。

　これを、話し方なり、具体的な会話の場面でいいますと、「あー、うー」「それはー、ええとー」「そうなんですがー、でもー」「…………」といったフリーズ場面になるわけです。

　そこで、実戦的話し方の原則1として、事前に目的を考えておくことをオススメします。すなわち、話し方とは、話し始める以前から求められるスキルなのです。考えてみれば、当たり前のことです。プロが話し始める局面というのは、既に実戦の局面。勝負はもう始まってしまっています。そこで徒手空拳であるとすれば、もう負けは確定でしょう。実戦で勝てるかどうかは、準備の段階で決まっています。

　口を開こうとする前に、あるいはそのような場に赴く前に、目的を考えて、ハッキリ言葉にしてまとめてみましょう。メモにしておくのもよいでしょう。その段階で、メモにすら迷うということは、何を話していいのか、どう話していいのか自分自身が分かっていないという証明になります。すなわち、まだ実戦に赴いてはいけないのです（もちろん警察官には突発がありますから、いつも準備ができるわけではありませんが、このような癖をつけておくことで、突発対応においても思考のスピードが速くなります）。

原則2　事前に結果を予想すること

　原則1では、事前に目的を考えておくことをオススメしました。ところが、この世のあらゆることが、自分の想定した目的どおりにいくとはかぎりません。いえ、むしろ、目的どおりにいかないことが大半でしょう——そこに段取りと工夫がなければ。

　原則1にいう目的とは、「自分が目指すこと」「こうなってほしいこと」「会話の望ましい終着点」です。しかし次に、実戦的話し方の原則2として、事前に結果を予想しておくことをオススメします。

　この、「結果」と「目的」はどう違うのか？

　目的は、重ねて、自分が目指すことです。そこに到達すれば、又はそれをゲットすれば、会話・対話というミッションが成功するゴールです。すなわち、「主観的な、望ましい結果」と言い換えられるでしょう。しかし、ふつう、「結果」は違います。ふつうの結果は、もっと客観的で、現実的なもの。また例を出せば、取調べで被疑者が完黙し、職質で不審者が完全拒否し、巡連で訪問先が拒否世帯となり、あるいは、どうにかなだめようとした上司がいよいよ激昂（げっこう）し、自分の職と立場が危うくなることです。もちろん、そうでない結果が予想できることもあるでしょう。大切なのは、原則1では「希望」としての目的を考え、原則2では「現実」としての結果を、客観的に分析してみることです。

　これも、話し始める前に必要となる、プロとしての話し方のスキルです。

　現実的に、客観的に、結果はどのようになるか？　ハッキリ言葉にまとめてみましょう。言葉にできないようであれば、メモのかたちに書き出してみるのもよいでしょう。要は、実戦の前に、最善の結果を自分で理解しておくのが原則1、そうはいっても現実的・客観的にどうなるか（どうなる可能性が高いか）を理解しておくのが原則2です。

　現実的・客観的な分析ですから、予想が1つになるとはかぎりません。

　相手の出方・敵の出方によって、シナリオは分岐します。

　目的と同一となる最善の結果から、目的が全く達成されない最悪の結果まで、内容も数も、いろいろになるでしょう。

要は、試合・対局を始める前、「このまま戦いを始めたらどういうシナリオになるか」「このまま勝負を始めたら、どういう結末を迎えるか」を、実戦以前に、自分の言葉で整理しておく必要があるのです。これまた、そうした「未来予測」のないあらゆる仕事（もちろん会話・対話を含みます。警察官の仕事は「話す」ことでしたね）は、かなりの確率で失敗し、フリーズ・シャットダウンに至ります。

原則3　事前に段取りを組んでしまうこと

　さて原則1では「主観的な目的」を考えておこう、原則2では「客観的な結果」を考えておこうとオススメしました。そしてこの2つには、大抵、大きなギャップがあることもお話ししました。再論すれば、当たり前ですが、「現実はそれほど甘くない」ということです。

　しかし、甘くない現実を乗り越えて、希望するミッションを達成するのがプロです。

　すると、次に必要なステップは、「現実と希望の間に、どうやって橋を架けるのか？」「予想される結果と望ましい目的を、どうやって階段でつなぐのか？」ということです。すなわち、これも未来予測であり、作戦であり、原則2のところで述べた、分岐するシナリオに対する諸対策です。

　要は、「段取り」です。

　原則1によって、自分が目指すものは分かりました。原則2によって、現実に起こりそうなことも分かりました。

　まず、これらが一致するのであれば、大きな問題はありません。必要な段取りは、「リハーサル」だけです。脳内で行ってもよいし、自信がなければメモに書き出してみてもよいでしょう。リハーサルの内容は、実戦そのもので、自分と相手、それぞれの台詞（せりふ）の想定です。すなわち、「まずこう切り出して」「するとこう来るから」「これを提示して」「こういう反応が返ってきて」「ここでこれをお願いして」「ここでこの台詞が出て、ミッション終了」といった感じです。

しかし、重ねて、世の中はそんなに甘くないものですから、「目指すもの」と「現実」の間には、ふつう、大きなギャップがあります。厳しいミッションになればなるほど、相手なり敵なりの出方も厳しいものになり、シナリオも複雑に分かれていくでしょう。
　ここで、昇任試験の、論述式の問題を想起してください。
　とりわけ事例式だと、想定から解答まで一本道ということは、まずありません（それだったらむしろ簡記でしょう）。自分自身で、想定として提示された事例から起こり得ること、そのシナリオから発展し得ることを幾つも書き出して、自分自身で場合分けをして、場合分けに応じた警察措置等を書いていくはずです（そのイマジネーションと判断の集積が、すなわち部分点の集積につながっていくわけですが）。そして、答案構成の時点で、すなわち答案を書き始める前に、その場合分けと判断を、答案用紙でないどこかに、メモしておくはずです。「始め‼」の号令が掛かったとき、いきなり答案を書き始めるとまず、いわゆる「爆死」ですからね。
　警察官がプロとして話すときも、これと全く一緒のイマジネーション、判断そして「段取り」が必要になります。「シミュレイション」といってもよいでしょう。むしろ「シャドーボクシング」かもしれません。相手を想定する。場面を想定する。原則1で、目的は確定している。原則2で、何もしなければどうなるかも確定している。ならば、「何かをすることによって、相手の思考・動きを変える」必要がある。そのための段取りです。当然、口を開く前に――会話を始める前に、構成し終わっていなければならない作戦です。
　それは具体的には、例えば、「まずこう入る」「するとこう返事がある」「次にこれを話題提示する」「するとAかBかCのリアクションがあるだろう」「Aと来たらこう、Bと来たらこう、Cと来たらこう攻める」「Aから更にA′の反論があった」「すると持ち札の甲か乙を切る」「ここで拒否／激昂される」「すると持ち札の乙を切る」「そうすると相手はBを持ち出してきて」……というシャドーボクシングになるはずです。シナリオが複雑であれば、だんだん枝分かれしていくチャートにまとめてみるのもよいでしょう。

複雑でしょうか？　面倒でしょうか？　現実的ではありませんか？
　しかし、このことは実は、実生活では誰もが無意識にやっていることです。再び例を挙げましょう。
　友達以上恋人未満の相手に、愛の告白をするとします（男性でも女性でもあり得ますよね）。あるいは、恋人にプロポーズをする場面を想定します。このとき、原則1から、目的は明らかです。原則2から、客観的に成功するかどうかは著しく未知数です。人生の決断ですからね。ある意味、命懸けの真剣さがある。すなわち命懸けの対話であり、命懸けの話し方が必要な場面です。
　このようなとき、原則3の「段取り」「シミュレイション」「シャドーボクシング」をしない人がいるでしょうか？　絶対にいないと断言できます。メモにしていなくとも、具体的な作戦として組み立てていなくとも、必ず脳内で、何度も何度も、寝ても覚めても「段取り」を考えています。どう切り出すか。どんな台詞にするか。相手はどうリアクションするか。空気が悪くなったらどうするか。はたまた、どんな場面設定にするか。時間はどうするか。最終的に、拒否だったらどうするか。どこまで粘るのか。そもそも自分に撤退する気はあるのか？　そして、どんな言葉が得られたら作戦終了なのか？
　それだけ真剣に、事前に、段取りを組む。命懸けだから。どうしても成功させたいから。
　そしてそれは、警察官がプロとして職務執行等を——だから「話す」ことをするときと、実は全く一緒ですし、一緒でなければなりません。警察官は給料、任務、誇り等に懸けて「話す」わけですから。
　そして上の例では「拒否」「粘る」という用語を用いましたが、これはもちろん、職質、巡連、取調べといった場面を想定しています。告白であろうとプロポーズであろうと、これらの職務執行であろうと、あるいは極論、上司から有給のハンコをもぎとることであろうと、そこに本質的な違いはありません。だから、被疑者を「落とす」という言葉になり、不審者を「落とす」という言葉になる。シャブのパケを出させ、「あんたには負けたわ」と投了させる。そこに必要な情熱と決意と「段取り」は、私生活における必死な局面と、全く異

なるところがありません。すなわち、私生活における必死な局面では、誰もがやっていることです。

プロは、それを、意識的に、仕事としてやる必要がある。

論述試験では、答案構成が時間的にも内容的にも50％以上の重要性を占めます。

実際に話すとき、その実戦の場面においても、事前の段取りが50％以上の重要性を占めるといってよいでしょう。実戦は、準備、準備、準備です。

原則4　事前に必要な情報を収集しておくこと

当たり前のようで、なかなかできません。実際、できていない人がとても多いです。

警察官が「話す」ときはすなわち実戦です。職務執行の場面においても、警察署等における報告・連絡・電話の場面においてもそうです。そして実戦で必要なのは、武器弾薬です。徒手空拳では戦いになりません。手持ちのカードが1枚もないのに、ポーカーで勝つことはできません。

ここで、警察官が実戦として「話す」とき、必要な情報というのは、3つに大別できると思います。すなわち、①一般的な常識・知識としての基礎データ、②その実戦において必要となる具体的データ、③時間、場所、相手に関する背景データです。

まず、①について。

警察官が職務執行等をするときは、例えば職質を例にとれば、様々な法令について、基礎データを入力されていることが必要不可欠です。さもなくば適法な職務執行はできませんし、対話についていえば、相手に正確な説明をすることができず、無用の紛議・無用の不祥事を招きかねません。また、巡連を例にとれば、いわゆる「木戸に立ち掛けせし衣食住」（気候・道楽・ニュース・旅・知人・家庭・健康・世間・仕事・衣食住）といった会話のツカミあるいはイリがあれば作戦上・段取り上有利ですし、その目的に応じて、防犯関係の統計なりデータなり事例なり、警察署／交番の広報紙等なり（外部記録媒体といえま

すね）があれば、これまた話題展開上有利です。

　こうした常識・知識としてのデータであって、ミッションの遂行上「役に立つ」ものを手持ちカードとして装備しておくのは、プロとしての話し方の基本です。

　次に、②について。

　これは取調べ、あるいは部内における報告のときよく意識されることですが、要は、「仕事の中身そのものをよく詰めているか」ということです。簡単な例として、夜中の突発事案を上司に電話報告する場面を想定しましょう。何の手持ちカードもなければ、「課長、管内で爆弾テロが発生しました!!」「何だと。何時頃だ。どこでだ。事案の概要は」「だいたい5分前に入電したところで……」「だいたいもクソもあるか。現場は？」「大街道のあたりだと聞いていますが」「あたりじゃ分からん!!　被害者は出ているのか？」「現在確認中とのことです」「お前は何をやっているんだ!!　伝声管か!!　いやそれ以下だ!!」というような、部外の方からすれば、まさかそんなことはないだろう……というようなしみじみした悲劇が発生することになります。

　もう1つ簡単な例を挙げれば、署が主催する行事について、署長の決裁をもらうシーンを想定しましょう。「失礼します。決裁をお願いします。今度、犯罪被害者支援室と一緒に行う犯罪被害者の講演会ですが」「ああ、あれはいつだったかな」「確か来週です。ええと、書類によれば……ええと」「……会場、どこだったっけ？」「ああ、市内です」「……講演なさる方は？」「女性の方らしいですね」「……本部は誰が来るの？」「すみません、書類に記載がありません」「関連団体の方はいらっしゃるのかな？」「おそらく来るとは思いますが」「君はもういい。課長か副サンを呼んでくれ」というような、しみじみする悲劇にもよく出会います。

　これらの悲劇について言えることは、既に実戦なのに、まさに徒手空拳で臨んでいるということです。また、「報告をする」「決裁を頂戴する」という目的だけは明確ながら、相手がどう出てくるかという結果はまるで想定していないし、だから何の段取りも組んでいないし、だから「段取りに必要な、実戦のた

めの具体的データ」を全然確認していないということです。これでは目的が達成できないのは当然ですし、そもそもプロとしての「話し方」を全く意識していません。

　前記の原則3から、実戦前のシミュレイション、シャドーボクシングは必要不可欠です。すなわち、相手が何を言ってくるか、想定しておくのは基本のキの字です。ならば、実戦において必要となる具体的データをそろえていないのが異常なのです。その末路は、「あー、うー」「ちょ、調査回答します!!」という硬直又は逃亡です。

　シミュレイションをする上では、「相手の立場に自分を置いてみて」「自分だったら、どんな質問をするだろう」「自分だったら、どんな情報を真っ先に望むだろう」といった、気働きと段取りが必要です。それが上の例で必要となる、事案の概要をできるだけ詰めたり、書類の内容をできるだけ詰めたりする事前準備です。

　相手になったつもりで考える。詰める。実戦において必要となる具体的データを入力しておく。これも、プロとしての話し方の基本です。皆さんも、病院に通っているとき、3度目なり4度目なりの診療で「ええと、そういえば、どこが苦しくて来院したんでしたっけ？」などと言われたら腹が立ちませんか。真面目にやれよ、とツッコミたくもなるでしょう。それは、上司だってそうですし、警察がお客様とする人々だって一緒です。

　最後に、③について。

　先に「夜中に報告する」「署長室で決裁をもらう」といった場面設定を採り上げましたが、これは別に「危険な地勢で職質をする」「抗議されそうな時間帯に巡連をする」「完黙している被疑者を取り調べる」でもかまいません。

　要するに、プロとしての警察官が「話す」ときには、必ず舞台設定と文脈があります。話している「時間」があり、話している「場所」があり、話している「相手」があります。取調べのとき、被疑者について徹底的に知り込むことは当然ですが、それは職質でも巡連でも変わりません。もちろん職質・巡連では、言ってみれば一見さんがお客様ですから、基礎調査ができているなどとい

うことはあり得ません。しかし、観察はできます。職質なら容姿顔貌(がんぼう)・挙動(きょどう)をじっくり観察できますし、そしてそれはかなり雄弁ですし、巡連であれば住民層、家屋等の様子、近隣住民の様子等から、予測を立てておくこともできます。また、どのような職務執行であっても、時間は時計を見れば分かりますし、それが話をする相手にどのようなインパクトを与えるかも、それこそ「相手の立場に立ってみて」合理的に未来予測することは可能です。上司について、人柄なり会話場所なり時間についてのリアクションなりを未来予測するのは、職務執行においてそれをするより、もっと簡単でしょう。

　そして「時間」「場所」「相手」に関する背景データは、必ず話し方にとって不可欠な「段取り」に直結します。深夜２時の街頭職質と、午前11時の巡連と、午後５時の署長報告とでは、実行しておくべきシミュレイションが、まるで違ってくるはずです。というのも、話す相手のリアクションが、それらの要素によって、大きく異なってくるからです。

　したがって、話すとき、時間、場所、相手その他の背景データをキチンと押さえて、それが会話にどう影響するかを分析しておく。これも、慣れないのならメモにする。言葉にして考える。やはり、プロとしての話し方の基本ですし、自分を有利にする基本でもあります。

２　警察官話し方８テクニック――現実の場面において

　　以上の４原則を踏まえ、しっかり準備をして、職務執行、報告、連絡、市民接遇等の現場に臨むわけですが、では現実の場面、実戦の場面――すなわちもう口を開いてしまっている場面において、意識しておくとプロとして有利になるテクニックを、考えていきます。

❖テクニック１／うまくしゃべろうとしない

　既に告白・プロポーズの例を挙げました。また、プロとして結果を出すのが警察官の仕事であることも述べました。そのために、話す目的を明確にしておかなければならないことも述べました。言い換えれば、目的をしっかり定め、望む結果を出すことが、警察官が話すことの本質です。そしてそれは、告白・

プロポーズと本質的に変わりません。

　だとすれば、そこで必要なのは「真摯さ」「誠実さ」「気力」「気迫」「目的意識」であって、カッコをつけたり、スマートに決めたりすることでは全くありません。そもそも、必要があって言葉がついてくるのです。目的があるから、言葉を出すのです。そして、目的と必要があるところ、またそれを確実に達成しようという強い意志のあるところ、自然と言葉は出てきますし、続いていきます。目的意識を失い、しゃべっている必要性も分からなくなるとき、「あー、うー」という硬直になるわけです。

　もちろん、生まれつきの、しゃべりの上手い下手はあります。生まれつきの、緊張しがちな傾向もあるでしょう。

　しかし、プロは、誤解を恐れずにいえば、自分をさらけ出すために話すのではないのです。話すのは「あなた」という個人ではありません。「警察」という組織であり、「警察官」というプロなのです。それは、よい意味での仮面であり、鎧です。市民も、お客様も、「あなた」のうまいしゃべりなど期待していません。「警察官」の、プロの話を期待しているのです。百歩譲って、「警察官としてのあなた」の話を、待っているのです。

　ゆえに、自分をさらけ出すのではなく、だから変な緊張をするのでも、自分をうまく見せようとするのでもなく、「警察官」として「ひたすら真摯に」話すことを心掛けてください。どもってもよいし、詰まってもよいし、朴訥でも口下手でもかまわない。

　いちばん大切なことは、目的のために、一つ一つ、その会話の段取りをクリアしていくことです。一つ一つ、その会話の階段を上っていくことです。

　目的意識がハッキリしていること。目指す結論がハッキリしていること。そのとき人は真摯になります。誠実になります。ならざるを得ません。どうしてもその人を恋人にしたいのであれば。どうしてもその人と結婚したいのであれば。告白なりプロポーズなりを受ける人も、うまいしゃべりや朗々たる口説よりは、どんなにたどたどしくても、本気の言葉を待っているはずです。そして、本気の言葉にこそ心を動かされるはずです。

そして警察官がハッキリした目的意識を持ち、本気の言葉で話すとき、そこにはおのずから「気力」「気迫」が生まれます。それはそうです。「どうしてもそうしたい」「何があってもそうする」という強い動機があるのですから。職務執行における「気概」「気迫」というのは、単なる御題目でなく、この目的意識からくる本気さだといえます。やりたいことがあるから、どうしてもやるし、どうしても話すのです。重ねて、そこに「うまくしゃべらないといけない」「うまくしゃべらないと間が持たない」などという考えは生まれる余地がないはずです。まだそのような考え方が浮かぶのであれば、それは、原則1で述べたように、自分が何をやりたいかが分かっていないし、原則3で述べたように、自分なりの作戦が立っていないからです。
　必要なのは、少しの度胸と、割り切りです。
　割り切りというのは、「必要なことを話せばよい」「真剣に話せばよい」「目的のために話せばよい」という割り切りです。
　そして市民は、本能的に、その警察官が口だけの者か、本気で話しているかを、見分けることができるものです。だから、うまくしゃべろうという考えは、捨てるべきです。どのみち、うまくしゃべる特訓等をしたとして、真摯さがなければ、見透かされるだけです。

❖テクニック2／必要なことを、短く話す

　トータルとしての会話量は、もちろん状況に応じて、長くなったり短くなったりします。また、第1の3⑶ウで述べたとおり、警察官の話し方にとって「正確さ」は大事ですから、どうしても説明が長くなることはありますし、ひょっとしたら不可避です。
　しかし、だからこそ、具体的に話す個々の1文1文は、短くするよう心掛けるべきです。そもそも、人は、ダラダラと要点のないしゃべりを聞かされると、イライラします。オチが見えないからです。また、警察官が話すとき、そこにはハッキリした目的があります。目的を達成するための、階段もあるはずです。それを意識するとき、1文1文がお経になったり演説になったりすることはあ

りませんし、それは相手にとっても警察官にとっても時間の無駄です。友人との、雑談ではありませんから。

　そこで、具体的に話す個々の1文1文は、例えば「いえ、そうではありません」「私は……だと考えています」「申し上げたいのは……ということです」「一緒にこのポーチを確認してください」「詳しくはこちらのビラを御覧ください」「要点は……の3つです」「こちらの様式に御記入ください」「分かりました」「無理です」といった程度、あるいは長くとも「この場では判断できませんので、上司と検討します」「後の報告のため必要ですので、お名前と御住所をお願いできますか」といった感じの長さを心掛けてください。目的はハッキリしているのですから、必要以上に長くする意味がありません。また、長くなればなるほど文章は混乱し、意味が不明瞭になり、もちろん相手をイライラさせ、果ては、自分自身も何を言っているのか分からなくなります。

　また、1文1文は、可能なかぎり短く切りましょう。すなわち、「Dという法令によって、Cということが決まっており、あなたの行為はBですから、したがってAをさせていただきます」という組立てよりは、「Aをします。あなたの行為はBですから。そのときCができます。それはDで決まっています」という組立ての方が、文章がクリアであるというだけでなく、リズムと気迫を生むことができます。これはもちろん、原則1から原則4の準備ができていればこそ、生むことのできるリズムと気迫です。また再論すれば、長い文章は、長いというだけで話し手自身を混乱させます（「あれ？　俺いま何を言っていたんだっけ？」）。

　意識としては、むしろ、慣れない外国語をゆっくり使っている感じがよいと思います。発話する内容としても、英語のような、主語と述語と目的語と……等々の組立てが異様にハッキリしていて、しかも短く単純な文章の方が、プロのビジネスには合っています。英語で長文を組み立てるのは大変ですよね？　ビジネス言語でも、長文は上級編です。ならば、「ディスイズアペン」「コーヒープリーズ」「カムウィズミー」「ワットイズディス」のようなシンプルな1文1文を重ねていく方が、話し手としても楽ですし、必要にして十分ですし、何よ

り、「目的のための階段を上っていく」という原則にマッチします。これは実際、交番等において外国の人に道案内をしたり、交番勤務員が外国人を職質するときなど、自然に行われているはずです。長文は、無理か不利だからです。

なお、注意点が2つあります。

1文1文を短くするというのは、ぶっきらぼうになることでも、無愛想になることでもありません。命令口調になることでも、断定口調になることでもありません。それらは、文章の色づけ、調理法であって、文章のボリュームとは基本、無関係です。例えば、「ドゥユーラヴミー？」「シュア!!」という文章はいずれも著しく短いですが、そこには愛情がありこそすれ、ぶっきらぼうさも無愛想さもないでしょう。ゆえに、やはり真摯に、誠実に話すことが基本であって、その話すボリュームが──1文1文が短くなるだけなのだ、ということを心に留めておいてください。

もう1つの注意点は、後に述べますが、ＴＰＯ（時、場、状況）によって、1文1文の長さは異なってくる、ということです。例えば、取調べ室で被疑者を真摯に説得する。これまでに取り扱った事件や自分の経験や被疑者のバックグラウンドに触れながら説得する。あるいは例えば、性犯罪の被害に遭った女性に、真摯な寄り添いの言葉を掛ける。これからの手続等を、ゆっくりと、誠実に説明していく。そうしたときにまで、「ディスイズアペン」的な文章を積み重ねていくのは、それこそＴＰＯをわきまえない、マヌケた展開でしょう。ですので、1文1文を短くするというのも、基本でありこそすれ、応用は幾らでもある──そのことも、押さえておいてください。

❖テクニック3／趣旨・結論から入る

警察官がプロとして話すとき、そこには必ず目的があります。また、上司であれ市民であれ、いきなり話し掛けられた／デスクに来られたとき、まず感じるのは「コイツ何しに来たんだ？」「何の用だ？」という疑問です。それはそうでしょう。皆さんも、玄関のインタホン映像に見知らぬ男が映っていたら、同じ疑問を感じるはずです。

すなわち、人は、突然のコミュニケーションを求められると、まず緊張・警戒します。

ここで、当該インタホン映像の見知らぬ男が「市役所の者です。国勢調査に御協力ください」云々と発話することで、とりあえずの警戒態勢は解除されるわけです。つまり、見知らぬ者の目的が（一応）定まったことで、2人の人間は「人間関係」に入り、そこに「会話」が生まれるわけです。

これは、警察官がプロとして話すときも同様でしょう。いえ、警察官にこそ求められるマナーかもしれません。というのも、一般の市民は、年に一度も警察官のお世話にならないことが多いからです。また、一般の市民にとって、警察官は恐いものだからです。

このことは、市民との関係にかぎられません。最近は中間管理職も、いえ所属長も多忙ですから、それなりに自分の仕事があり、予定がある。そこへ報告なり決裁が来る。すると自然な心理として、「何だ？（この忙しいのに）（5分後に予定があるのに）」ということになる。これまた、恐怖こそありませんが、緊張・警戒態勢に入るわけです。それを解除し、人間関係に入り、かつ会話を始めるためには、当然に段取りが必要です。

その段取りとして、「趣旨・結論から入る」ことが挙げられます。

巡回連絡であれば、警察官が家庭訪問に来たということ。職務質問であれば、（言い方は千差万別ですが）質問と所持品検査をさせてほしいこと。取調べであれば、その日は何を聴きたいかということ。上司への用事であれば、それが報告なのか相談なのか決裁なのか飲み会の調整なのか……ということ。これが「趣旨」ですよね。先のインタホンの例でも、「ああ国勢調査か、そういえば今シーズンだな」という納得が相手に生まれるからこそ、会話に入ることができるわけです。同様に、「趣旨」が明確になるからこそ、会話を、中身を始めることができる。

プロとしての話し方ができる人は、必ず最初に、用件の「趣旨」を明確にします。それがお互いの「フレーム」を作り、お互いの思考の「フレーム」を作り、いわば舞台を整えることを知っているからです（逆に、延々と雑談から入

る者は、ビジネス的に無能であるか、何らかの企みがあるか、嫌な話題をどう切り出すか迷っているかのいずれかです)。

　用件の「趣旨」を明確にするのが極めてプロ的であるというのは、警察で用いられる公用文からも知ることができます。通達、事務連絡等を想起してください。まさか「拝啓、残暑が厳しい候となりました、警察署長の皆さん、どうもお疲れ様です、警察本部長です、その後お変わりありませんか、さて今回は、少し大事な話があります、というのも、警察本部で重々検討しまして、新しい要綱を策定したのです、その要綱というのは、第1から第5で構成されますが、我が県警察における若手警察官の育成の重要性を踏まえた、極めて実戦的な内容となっております、すなわち……」などという通達はあり得ませんね。頭飾りをのぞけば、まず標題です。例えば「若手警察官の話し方養成要綱の制定について」等々。しかも標題の後には、常識として、その趣旨を明記しなければならないこととなっています。だから「若手警察官の話し方養成要綱の制定について（通達）」等々となる。これで命令という趣旨が明らかになる。そして次に、柱書きがある。ここでも趣旨が明らかになる。だから「標記の件については、下記のとおり制定したので、内容徹底の上、事務処理上遺漏のないようにされたい」等々となる。ここでやっぱり、ああ命令だな、しかも新しいルールができたんだなという趣旨がより明確になる。そして読む側も、心の準備と、新しいルールを処理するための「フレーム」を整えることができるわけです。

　プロとしての話し方においても、この組立ては大事です。

　舞台を設定し、人間関係に入り、会話を始めるために、用件の趣旨から話を始める。

　この、イリの感覚を押さえておいてください。

❖テクニック4／あわてない、急がない、考える

　重要なので繰り返しますが、仕事において話すのは「あなた」「あなた個人」ではありません。部外の方に対してであろうと、上司・同僚・部下に対してであろうと、仕事において話すのは「警察官」です。「○○県警察の警察官」「○

○署の警察官」「○○交番の警察官」「○○係の警察官」です。

これは、社会的な仮面です。すなわち、演技であり、擬態です。

悪い意味ではありません。社会人は、全て、その社会的役割に応じて仮面を被り、その目指す目的のために演技をします。別人格を生きます。それは、少なくともプライベートの自分、例えば週休の日にスマホでネットサーフィンをしている人格とは、まるで違ったものでしょう。

これを、部外の方から見ると、あなたがたとえ18歳、22歳の巡査であろうと、59歳の署長であろうと、部外の方はあなたのことを「警察官」としてしか見ない、ということです。あなた個人など気にはしていないし、あなた個人の考え方などに興味はないし、だから、あなた個人の話し方などどうでもいい、ということです。

ゆえに、話すときは、「警察官」としての仮面で、「警察官」としての人格で話さなければなりませんし、裏から言えば、それ以上の努力をする必要も、それ以上に自分をさらけ出す必要もありません（真摯な説得、真摯な寄り添い等はまた別論ですが、上級編です）。もっといえば、大切なことは、例えば部外の方に「警察官」と見てもらえるか、「警察官」として聴いてもらえるか、ということで、それだけです。

それができないと思うのであれば、仮面を被り、演技をする努力をすべきです。

そこで重要になるのが、「あわてない」「急がない」「考える」ことです。

また例を挙げましょう。あなたが研修医だとします。臨床経験はまるでないとします。病棟の廊下を歩いていたとします。すると突然、入院患者さんが駆け寄ってきて、「せ、先生、胃のあたりに激痛が走って……さっき食べたものを全部吐いたら、血もたくさん出て!!」と急訴をした。そのままバタリと倒れて、「先生……先生……」と苦悶している。このときあなたが「そ、それは大変だ!!　でも、自分はただの研修医で、何も分からないので、ああどうしよう、胃潰瘍かもしれない、ああ胃ガンかも、とりあえず看護師さんを呼んで、ああ○○先生は今いたかな、いっそのこと119番!?」とか思い切り自分をさらけ出

してしまったら、さてどうなるか。それだけで患者さんはショック死してしまうかもしれません。著しく絶望し、動転することは間違いないでしょう。

　同様に、研修医であるあなたの元に、外来患者さんがやってきた。「先生、この２週間、１日３時間も眠れないし、食事は喉を通らないし、何もかもが嫌になって、いっそのことこの病院の窓から飛び下りたくなって、もう死にたい……実はさっき、トイレで手首を切ろうとして……」と急訴をした。そのときあなたが「しっ死にたい!?　手首を切る!?　そんなバカなことを考えてはいけない。それはもう鬱病ですよ、すぐ入院です、このままでは本当に死んでしまいますよ、ああでも病棟のベッドは２か月後まで埋まっているし、でもこのまま家に帰ったらあなたは死んでしまうし、困ったなあ」とか思い切り本音をさらけ出してしまったら。それこそ患者さんは、たとえ鬱病でなくても死にたくなります。

　これらの例はもちろん、街頭での急訴事案であるとか、交番での相談事案であるとかを念頭に置いているわけですが。

　さて研修医であれ医師は医師です。職場／実戦実習中の巡査であれ警察官は警察官です。患者あるいは市民がそれに求めているのは、「社会的な仮面」「社会的な人格」です。プロとしての判断と対処を求めている。しかも、援助、助言、職務執行等を求めている市民は、まさに緊急事態のさなか、少なくとも問題のさなかにあるわけですから、極めて不安定でナイーヴな状態にあります。ゆえに、求めているのは判断と対処だとしても、そのプロセスにおいて必要としているのは「安心感」です。だから市民は、あなたが「信頼できるかどうか」「キチンとできる人かどうか」「ちゃんと話を聴いてくれるかどうか」に、とても敏感です。もちろんあなた個人などどうでもよく、警察官としてのあなた、プロとしてのあなたがどうであるかを心配し、値踏み、必死にチェックをしてくる。だから不安定な状態にある人は、話している相手の一挙手一投足、一言一言に、とても敏感です。

　それゆえに、警察官として話すときは、この「安心感」を重視し、社会的な仮面として、社会的な演技として、「私は信頼に足る者です」「私はキチンと仕

事をします」「私はちゃんとあなたの話を聴きます」ということを、むしろ強くアピールしなければなりません。

　だから、「あわてない」「急がない」「よく考える」なのです。

　より具体的・実戦的に説明しましょう。

　まず、「あわてない」。警察官の話し方の基本は、泰然自若(たいぜんじじゃく)です。自然体です。ドスを利かせるでもなく、迎合するでもなく、ナチュラルに。ベテランの医師が、診療室でどっしり構えているように。バーテンダーが、酔いの深まってきたお客さんの話を聴くように。演技でいいのです。警察官は社会的にそういうものなのですから。それが市民の期待なのですから。期待に応えた演技をするよう努めましょう。よって、話し相手と一緒になって驚いてはいけません（驚いたことを見せてはいけません）。話し相手と一緒になって、大きな声を出してはいけません。話し相手と一緒になって、早口になってはいけません。要は、「話し相手の感情に染まらない」ことです。さらには、「警察官は常にクールダウンを心掛ける」。これも有効です。話し相手が激してくれば激してくるほど、どんどんスローにし、どんどんクールダウンしていきましょう。イメージとしては、自分の中で、「警察官としての自分」がどんなリズムで、どんな口調で、どんな音量で話すのか、そのベースラインを決めておく（社会的な演技）。そして、話し相手の言葉がそこから上下するようなら、そのベースラインまで引き戻し、あるいはそこまで持ち上げる。こんなバランスのメーターを、心に持っておきましょう。

　次に、「急がない」。警察官の話し方の基本は、ゆったりまったりです（無線通話等は全くの別論でしょうが……）。もちろん、ダラダラするのとは違います。また、厳しく警告したりするなということでもありません。ハキハキすることと、リズムがよいことと、ゆったりまったりは両立します。口調がどれだけスローでも、厳しく警告することはできますし、ハキハキしゃべることはできます。むしろ殺伐とした実務の中では、思考・会話のリズムがどんどん加速し、市民にとっては命令調・ぶっきらぼうになりかねませんから、ゆったりまったりを意識するくらいが、ちょうどよいペースになるのです。もちろん実務で

は、一刻一秒を争うこともあるでしょう。しかし、仕事を急いで行うことと、話し方を急ぐことは、全く別のことです。先の研修医の例を思い出してください。一刻一秒を争って命を救うべき局面でも、バタバタあわててガンガン話したり、ガクブルしながらああでもないこうでもないと焦るのは、かえって市民にも仕事にもマイナスです。警察官は、会話のペースを作る側であって、作られる側ではありません。それが仕事そのものであれ、市民であれ、会話のペースをそれらに主導されては、もう流されるだけです。「会話のペースを作ってこそ警察官」。そのために、決して急いではいけません。これも、あなたの人格を磨いてそうしろという話ではありません。警察官という社会的演技として、そうするよう努めるべき、ということです。

最後に、「よく考える」。人によっては当たり前かもしれませんが、全くしない人もいます。すなわち、「話している最中に考えてもよい」。もっといえば、「話している最中に流れを止めて、考える時間をとってもよい」ということです。とりわけ職務執行の場面においては、売り言葉に買い言葉ではありませんが、状況と雰囲気が盛り上がってきて、流れが異様に加速することがあります。相談でもそうです。電話でもそうです。先に「あわてない」でクールダウンの重要性を、「急がない」でペースを作ることの重要性を述べましたが、これらは場面場面で「よく考える」ことにつながります。もちろん、真剣に会話をしている真っ最中に、頭の中で別のことを考えるのは、普通の人間には無理です。したがって、「いったん止まる」「ここで止める」「止め時で止める」ことが求められます。また後の、会話例文のところで採り上げますが、だんだん会話がおかしくなってきた、激してきた、ペースが奪われてきた――こういう状況においては、一時停止ボタンを押してもよいのです。ちょっと待ってください。いったん整理しましょう。順を追って考えさせてください。そうした、会話を一時停止するフレーズを用いて、いったんそのラウンドを強制終了させる。そのセッションを強制終了させる。そして、できれば一緒に会話しながら、それまでの流れを整理するなどして、「要点」「論点」「疑問」「解釈」等を考える時間を作る。余裕を強制的に作る。そうしないと、これまた流されるままになり、

したがって「目的」「段取り」「正確さ」も何もあったものではありません。また、いったん仕切り直してまで一緒に考えてくれる警察官を、市民は信頼しこそすれ、罵倒することはありません。もちろん、話しているのにいきなり話をカブされたり、いきなりブツ切りにされたり、いきなりキレられたら、市民は激昂するでしょう。そこにはちょっとしたテクニックがいりますが、しかしキチンと仁義を切れば、「一緒に考える時間」は、とってくれるはずです。そしてそれは、社会的演技ですから、一緒に考えるそのペースを警察官が主導し、自分の考えをもう一度まとめる。よく考える。整理して、分析して、これからの段取りを作り直し、そして再戦。その間、幾許(いくばく)かの沈黙があってもよい。「一緒に考える時間」なのだから。むしろ沈黙を恐れて無意味な流れを継続させる方が、不利で不誠実です。戦術的な沈黙は、「あー、うー（絶句）」とはまるで違い、組立てがうまくいっている証拠なのです。すると、「よく考える」のポイントは「一時停止をためらわない」「必要な沈黙を恐れない」とまとめられるでしょう。

　なお、以上の「あわてない、急がない、よく考える」は、市民とのコミュニケーションにおいてのみならず、部内でのコミュニケーションにおいても使えますし、重要です。

❖テクニック5／鸚鵡(おうむ)返し

　話し相手が求めていることは、もちろんその目的の達成ですが（それは警察官の側も一緒ですね）、それと同時に、あるいはそれ以上に「受容と承認」を求めています。それは、交番を訪れた市民でもそうですし、あなたに命令をする上司でもそうです。シンプルには、「俺の言っていること、ちゃんと聴いているのか？」「私の言っていること、ちゃんと分かっているの？」という疑いが、解消されることを必ず求めています。それがコミュニケーションの本質だからです。

　ゆえに、話を聴き、話をするよき相手方としては、「ちゃんと聴いています」「ちゃんと分かっています」ということをアピールすることが（社会的演技）、

極めて重要です。さらに言えば、本当に内容が分かっていたとしても、それを態度に出さないのは、コミュニケーションの質を悪くし、紛議を招きます。すなわち内容とは別論として、「態度」がとても重要なのです。それは先の「受容と承認」をアピールする態度であり、もっといえば、「私はあなたをヒトとして尊重しています」という、人間として誠実な態度です。

したがって、警察官として話すとき、「受容と承認」をどう強調していくかを、意識していかねばなりません。そのための技法としてとても効果的なものが、「鸚鵡返し」です。

これは、腕のよい医師、腕のよい弁護士なら必ずやっていることですが、具体的には、話し相手の言葉を鏡のように「反射」することです。それは例えば、「おまわりさん、実は昨日、マンションの廊下に置いてあった自転車が、盗まれてしまって!!」という申告に対し、「なるほど、昨日、あなたのマンションの廊下に置いてあった自転車が、盗まれてしまったんですね……」とそのまま反射することでもありますし（まさに鸚鵡返し）、「おまわりさん、実は毎日、奇妙な男に後をつけられていて、たぶんストーカーじゃないかと思うんですが……」という申告に対し、「それは大変ですね。奇妙な男が。ストーカーのような男が。それも毎日。すごく恐いですよね」と組立てを変えて反射することでもあります（要約又は言い換え）。どちらも、実質的な意味は変わりません。すなわち、「新しいことは何も言っていない」「話し相手の言葉を、そのまま打ち返す」意味しか持っていません。

しかしこれが、とても効果的です。

なぜならば、第1に、キチンと反射することによって「受容と承認」を示すことができるから。第2に、警察官が考える時間を得ることができるから。第3に、会話のターンが相手に移り、更なる情報を得ることができるから。第4に、話し下手・話し上手にかかわらず、誰でも容易に修得できるから。第5に、テクニック4で述べた「あわてない、急がない、よく考える」に結び付けられるからです。

この鸚鵡返しは、もちろん会話の初手だけでなく、会話のあらゆる局面で使

えます。オセロでも将棋でも一手パスすることはできませんが、会話ならこの鸚鵡返しでできます。しかも単純な一手パスではなく、例えばゆっくり、落ち着いて語り掛けることによって、カームダウン、ペース作成等ができますし、少し語尾を上げて疑問調にすれば、相手から進んで次の言葉をくれます（相手には達成したい目的がありますから）。もちろん、反射することによって、それは警察官自身の言葉となり、頭の中も整理されます。

　なるほど警察官の仕事は「話す」ことですが、話すことは聴くことでもあります。話し上手な人（職業的に話し上手な人）というのは、会話の流れを大事にしながら、それでいて自分の望む情報を手に入れ、「段取り」を一手一手進めてゆける人です。すなわち、聴き上手な人です。そのような人は、必ずこの技法を、効果的に使っています。

　このように、鸚鵡返しはぜひマスターしたい基本なのですが、注意点もあります。というのも、バカのひとつ覚えみたいにこればっかりやっていれば、もちろん会話は進みませんし、新しい情報は何も入りませんし、何より、「コイツ俺の言っていることしゃべっているだけじゃないか‼」と、かえって相手方をイライラさせるからです。これは、将棋で待ったばかりしている人が相手方を怒らせるのと一緒です。

　あくまでも「段取り」「目的」のため、将棋でいえば筋を読んで勝つため、戦術的に一手パスをする。それは効果的な一手パスなのだけれど、連発しているだけでは対局には勝てない。むしろ逆効果である。そのことを押さえておいてください。

　なお、例えば上司への報告なり復命なりの場合においても、電話で最後に話をまとめるときにも、この鸚鵡返しは使えます。

❖テクニック6／ＴＰＯを意識し、演技する

　いわゆるＴＰＯとは、Time（時間）、Place（場所）、Occasion（状況）の3要素のことで、とりわけ服装のマナーについて言われるルールです。朝なのか昼なのか夜なのか。私的空間なのか公共の場所なのか。あるいは招待されたど

こかなのか。山菜採りにいくのか泳ぎにいくのかジョギングにいくのか。あるいは署長とゴルフにいくのか。フランス料理の、いわゆるグランメゾンにＴシャツスニーカーで行く人はいませんね。

　話し方にあっても、このＴＰＯを意識する必要があります。このことは、頭では簡単に理解できるでしょう。むしろ、服と違って「可視化」できない「話し方」について、どうやってＴＰＯを守っていくか、具体的・実戦的なテクニックが必要です。

　そこで、「話し相手の立場に立ってリハーサルする」ことをオススメします。それが事前にできないのなら、前述のテクニック４、テクニック５を使って、会話の中で考える時間を稼ぐことが必要です。

　「相手の立場に立つ」ということは、より具体的には、例えば巡回連絡を受ける相手の立場に立って、相手が考えること言うことを読む、ということです。職務質問についても、上司への報告についても、職務上の電話についても一緒です。

　そして、実際に、自分が相手になったつもりで、「自分をどう感じるだろうか」「自分の用務をどう感じるだろうか」を、リアルに想像します。例えば自分が週休で、家で寝ているとする。そこへ突然、制服の警察官がやってくる——まあ官舎でしょうし、警察官は警察官に驚かないでしょうから、制服の消防士でも自衛官でもいいです。すると、まずビックリする。用件は何だろうと訝しむ。「こんな時間に何だろう」（Ｔ）「家まで押し掛けていったい何だろう」（Ｐ）「あんな制服で何だろう」「１人でやってきて何だろう」「一度もこんなことはなかったのに何だろう」（Ｏ）——といったことは、当然感じるであろう疑問ですよね。その気持ちがリアルに想像できる。そうすると、まずその疑問を解消しないといけないな、と「段取り」が組める。さらにリアルに想像する。おそらく話すのは玄関先だろう。訪問された側の第一声は「はい」「なんでしょう？」だな。そのときの顔はだいたいこんなものだ。そこで自分がこう切り出せば、相手は次にこう来るだろう——

　先に、警察官が話すのは、社会的仮面を被った社会的演技だと言いました。

第2　具体的話し方　33

　その演技とは、ＴＰＯをわきまえた演技です。でなければ大根役者です。
　そしてＴＰＯをわきまえた演技をするためには、社会常識はもちろんですが、「相手方の感じること」「相手方がマナーだと考えること」に沿うことが必要です。つまり、社会常識的に夜10時はマズい、というＴＰＯ一般論に加えて、「この地域のこの世帯のこのマンションの住民ならどうか？」「この警察署のウチの課の課長ならどうか？」というＴＰＯ具体論に沿うことが必要です。そして、そのＴＰＯ具体論は、「相手の立場に立った」リアルな想像でしか、想定しておくことはできません。
　だから、警察官は自分自身でも社会的演技をしますが、準備段階では、「相手の立場に立った」相手方の演技もしてみるわけです。この相手ならこのＴを、このＰを、このＯをどうとらえて何を感じ何を言うか。それを実際に、シミュレイションしてみる。演技してみる。一般的に、「人の気持ちが分かる人」「気働きができる人」「気遣い屋」と呼ばれる人々は、必ずこれをやっています。そして、その相手の──あえていえば敵の出方によって、話し方を変えるわけです。
　重ねて、それは事前の準備なので、突発的な急訴、電話、職質等では十分にできません。だから突発的な場合においては、その場で考える必要がある。それは中級編です。しかしその中級編でさえ、巡連であるとか、報告であるとか、こちらからかける電話であるとかいった、「こちらから攻めることができる」初級編の積み重ねによって、修得できるものです。
　警察官は、社会的演技として会話をするが、その前提は、相手の立場に立ったリアルな演技である。それが会話のＴＰＯを守ることにつながる。これを意識してください。

❖ **テクニック7** ／ 分からない、できないとハッキリ言う

　くどいようですが、あなたが話すのは個人として話すのではありません。「警察官」として話すのです。すなわち、組織人として話すのです。ですので、常に意識していないといけないのは、「別人格が話している」「組織の一員とし

て話している」ということです。

　といっても、緊張しろと言っているのではありません。真逆です。もし話し手があなた自身なら、全てを判断するのはあなたで、全ての責任をとるのもあなたです。しかし、組織人は違います。所属であれば、判断をするのは所属長です。少なくとも上司です。あなたはその手足として、その代理人として、そのスピーカーとして話をしているだけです（社会的演技）。ですので、あなた個人の判断はどうでもいいのです。あなた個人の意見もどうでもいい。「組織としての正解」を話せばよいのです。そして、組織としての正解は、あらかじめ示されているのであればそれを正確に伝えればよく、いまだ示されていないのであれば判断を求めればよいだけです。

　あらかじめ示されている正解（法令、通達、執務資料、指示等）が分からないのであれば、調べなければなりません。ですので「分かりませんので、調べます」「上司の判断を仰ぎます」「お時間が掛かることもあります」というのが、分からない時点での正解です。分からないこと、知らないことを、いろいろ想像したり類推したり、必死に記憶をたどったりしていると「あー、うー」という絶句になる。分からないことは分からないとハッキリ言う。そして調べるなどする時間をもらう。このコミュニケーションに、難しい技法は必要ありません。誠実に分からないと言い、誠実に待ってもらうお願いをするだけです。

　正解がいまだ示されていない新しい問題については、勝手なことは話せません。よって話し方としては「検討する必要があります」「上司の判断を仰ぎます」「お時間が掛かることがあります」といった、同様の組合せになります。もちろん誠実に組合せをつなげます。

　また、警察官としてできないことについても同様です。あなたは組織人として話しているのですから、勝手な親切心を起こしたり、利かせなくてもよい機転を利かせたり、しなくてもよい言い訳をする必要はありません。組織人ですから、できないものはできない。そこに判断の余地はない。もし判断する余地があるのなら、それは上司がします。ですので、「申し訳ありません、それはできません」「それは無理です」「そのようなことは認められていません」とハッ

キリ言う。議論になったら、短く理由を説明しつつ、「それはできません」を繰り返すだけです。こうすることが、組織人として誠実です。できないことをできるかのように思わせたり、できないことが自分の裁量でできるかのように思わせたりするのは、市民を騙すことですから、どのみち紛議になります。

　同様に、「〜だと思います」「〜だったはずです」という話し方も、できるだけ避けましょう。些末な話をすれば、それだと必ず言葉尻をとらえられますし、そもそも「思う」「はず」というのは、組織人の正解としてあり得ないからです。繰り返しますと、組織人の正解は、もう示されているか、これから示してもらわなければならないかのいずれかで、そこにあなたが「思う」余地はありません。本当に「思う」状態にあるのなら、それは、あなたが知らないか、調べていないか、判断を求めていないかのいずれかです。ゆえに、「〜だと思います」という言葉が出た時点で、あなた個人が出てしまっていることになり、組織人として話していないことになります。だから、意識して避けるべきです。

　組織人として「分からないことは分からないと言う」「できないことはできないと言う」。そして意識して、「〜だと思います」を避ける。これはテクニック2、テクニック3とも連動しますが、意外に大事なことです。テクニック2等と連動するというのは、念のため言い換えれば、会話が短くなり、結論から入れるので、話し方に悩む必要が少なくなるということです。

　なお、これらは、市民と話すときも、上司・同僚・部下と話すときも変わりません。

❖テクニック8／話し方以外に活路を見出す

　話し方のテクニックにおいて、「話し方以外」を論じるのはなぜだろう――と思われるかもしれません。しかし、「話し方」というのは、実は言葉によるラリーだけではありません。言い換えれば、単純な、言語情報の交換ではありません。それは総合武術というか、言語のみならず、表情、仕草、姿勢、視線、声調、身体の動き等々、あらゆる「自分自身」を駆使する、総合コミュニケーション術です。

例えば、テクニック4でもテクニック5でも言いましたが、「受容と承認」「態度」あるいは傾聴するかまえは、必ずしも言語情報ではありませんが、コミュニケーションに不可欠です。むしろ人間は、コミュニケーションにおいて、言語情報以外の情報から、会話の質を判断し、あるいは会話の相手を評価することが、社会心理学によって仮説され、その実験も繰り返されています。

　別の簡単な例を挙げれば、笑顔。人間は笑顔を向けられれば、自然と笑顔になるものです。笑顔になると、これも基礎心理学によって提唱されていますが、そのことによって、楽しい感情が生まれます。すなわち人間は、必ずしも楽しいから笑うのではなく、「笑うから楽しい」「泣くから悲しい」という心の動きもします。すると、話し方において、自分と相手の緊張を解こうというのであれば——あるいは友好的にアプローチしようというのであれば、「笑顔」というのは実に効果的なわけです。どれだけ言葉を費やしても、笑顔ひとつほどには友好的アプローチをとれないでしょう。笑顔ひとつによって、コミュニケーションのモードを変えることができ、それは結局、話し方にも影響してくるわけです。というのも、話している相手の口調・表情が変わり、ゆえにキャッチボールが変わりますから。

　逆もまた真なりです。例えば職務質問のクライマックスのあたり、「どうしてもこれを出させる」「どうしてもこれを見る」と決意し、その目的を達成しなければならないとき。このとき、警察官の視線が躊躇していては話になりません。いわゆる「ガン見」によって気迫・気力・妥協ゼロが示せる。それはやはり、百万言を尽くした説得に勝るでしょう（もちろん説得、身振り、声調、姿勢等との合わせ技だとは思いますが）。勝負を掛けるとき、厳しく臨むときには、それなりの「雰囲気」が必要で、それは話し方以外で出せますし、またそれによって話し方もスムーズになります。

　あるいは、姿勢。いちばん分かりやすいのは立番でしょうか。よい立番というのは、姿勢からして分かります。姿勢がモノを言っているわけです。自然体であること。それでいて警戒中であること。何事にも即応できること。だから市民の皆さん安心してください、何かあったら申し出てください……それが言

葉を用いることなく、姿勢で伝わる。その姿勢があればこそ、アプローチしてくる様々な市民も「イタズラはできない」「この人はマジメだ」「頼りになりそうだ」「ハッキリ説明しなければ」等々、キャッチボールの内容を変えてくれる。逆に、ふざけた立番をしていれば、そこらの子供に石を投げられたり、ヒステリックなおばさんに絡まれたり、暇を持て余している隠居老人の雑談相手にされたりする。これまた、キャッチボールの内容が変わってきてしまいます。もちろん立番というのは例です。大事なのは、職務執行のあらゆる場面において、あるいは勤務中のあらゆる場面において、姿勢はモノを言い、それが話し相手の口調・台詞・言葉遣いに影響するということです。

　よって、話し方に困ったときほど、あるいは困ることが予想されるときほど、意識して、表情、仕草、姿勢、視線、声調、身体の動き等々を使ってみましょう。そのために会話の流れが止まることがあっても、テクニック4で述べたとおり、それを恐がる必要はありません。「あー、うー」の事態と、戦術的に会話が止まることとは、全くの別物です。例えば、改めて目をじっと合わせてみるだけで、会話の流れは変わります。ほとんどは止まるでしょう。その戦術的停止を恐れず、むしろ活用する。急に声のトーンを落としてみても、同様です。あるいは、うなずき（テクニック5に連動）。あるいは、メモを取り始めること。様々な「話し方以外の話し方」を駆使して、話し方の活路を見出してください。

❖ まとめ

　　以上、警察官話し方8テクニックを、もう一度列挙します。
　　　　テクニック1　うまくしゃべろうとしない
　　　　テクニック2　必要なことを、短く話す
　　　　テクニック3　趣旨・結論から入る
　　　　テクニック4　あわてない、急がない、考える
　　　　テクニック5　鸚鵡返し
　　　　テクニック6　ＴＰＯを意識し、演技する

テクニック7　分からない、できないとハッキリ言う

テクニック8　話し方以外に活路を見出す

3　警察官話し方実戦的例文——英語の教科書的に

　中学校等で、初めて英語を学習するとき、鍵となる文章を何度も読んだり、暗唱したりしますね。警察官の話し方というのも、これと同じ方法で訓練するのがベストです。すなわち、警察官の話し方は、ある種の外国語なのです。日本語を用いてはいますが、「組織人として」「社会的演技として」話すのですから、誰もが最初はできませんし、分かりません。自転車を見ているだけの人が、永遠に乗れるようにならないのと一緒です。

　ゆえに、警察官の話し方は——あえていえば警察官語でしょうか——まずセンテンスを口に出して読んで、慣れて、暗唱して、初めて実戦で使えるようになる。

　逆に、「会話の機会をたくさん作れ」とか「新聞を読んで教養をつけろ」とか「場数を踏んで慣れろ」とかいった指導があるとすれば、それは無意味で無能な指導／指導者ですから、無視しましょう。

　鍵となる文章を知らないのに、英語が話せるようになることは絶対にありません。そしてそれは、「真似」「暗唱」から入るべきものです。無線通話と一緒です。あんな人工言語は、外国語と一緒です。ですから朝礼のときなりその前後なりに、若手警察官を集めて例文を暗唱させるのが、実は正しい指導法で、正しいアプローチです。また、無線通話をよく聴くことは、英語の授業で音源を何度も何度も聴くのと一緒です。やはり「真似」が大事だからです。真似をして、なぞって口にして、暗唱する。大きな声を出して読んでみる。そうした外国語を習うときのやり方と一緒のやり方で、「警察官の話し方」は簡単に修得できます。裏からいうと、鍵となるセンテンスがゼロな状態で、どれだけ新聞を読もうが、市民と積極的に話そうとしようが、意味がありません。要は、最低限の基礎データ——あえていえばいわゆる「テンプレ」——を入力し、出力できるようになることが、「警察官の話し方」の基本で、ほとんどそれだけといってよいかもしれません。

第2 具体的話し方

よって、以下に、「実戦的例文」「真似して使える例文」「声に出して慣れる例文」を掲げます。英語を学ぶような気持ちで、いわゆる「テンプレ」として活用してください（応用はそれからです）。

(1) **イリの場面**

　ア　**上司に対して**

　　(ア)　基　本

・おはようございます○○係長、山田です。報告2件、願います。
・おはようございます○○課長、山田です。相談1件、お願いします。

　　(イ)　多忙そうなとき・時間を作ってもらうとき

・おはようございます○○係長、お忙しいところ申し訳ありません。報告2件、願います。
・おはようございます○○課長、お時間のないところ申し訳ありません。相談1件、お願いします。
・失礼します、○○係長。今、お時間よろしいでしょうか？
・失礼します、○○課長。今、報告1件よろしいですか？

　　(ウ)　折り入って話があるとき

・失礼します、○○課長。御相談したいことがあります。

　　(エ)　催促をするとき

・失礼します、○○係長。先日お話しした××の件ですが、今、よろしいでしょうか？
・失礼します、○○課長。先日御相談した××の件ですが、今、お時間よろしいですか？
・失礼します、○○係長。急ぎの案件があります。お時間をください。
・失礼します、○○課長。急ぎの決裁があります。御説明させてください。
・失礼します、○○係長。先日御相談した××の件ですが、その後いかがでしょうか？
・失礼します、○○係長。先週御相談した××の件ですが、もし御方針等が固まりましたら伝達願います。

(オ)　入室をするとき・呼ばれたとき

・入ります。決裁をお願いします。
・失礼します。○○交番の山田です。決裁をお願いします。
・入ります。山田です。お呼びでしょうか？
・失礼します。山田です。参りました。

イ　電話の場面

(ア)　基　本

・もしもし。私、○○交番の山田巡査と申します。××様は御在宅でしょうか？
・もしもし。私、○○交番の山田巡査と申します。××様の携帯でよろしかったでしょうか？
・もしもし。お忙しいところ失礼いたします。○○交番の山田と申します。××様をお願いいたします。

(イ)　突然のとき・面識がないとき

・もしもし。私、○○交番の山田巡査と申します。大変お忙しいところ、お電話で申し訳ありません。××様に、急いでお伝えしたいことがあります。
・もしもし。私、○○交番の山田巡査と申します。突然のお電話、申し訳ありません。△△の件で、××様に御連絡したいことがあるのですが。
・もしもし。私、○○交番の山田と申します。突然のお電話、大変恐縮です。実は△△の件で、××様に御連絡したいことがあります。

(ウ)　折り返しのとき

・もしもし。私、○○交番の山田と申します。先ほど、お電話を頂戴した小川様はいらっしゃいますか？

(エ)　相　槌

・お疲れ様です。
　（警察では、「御苦労様です」は目上から目下に使うという慣習があることもあるので、「御苦労様です」は避けた方が無難）
・大変御無沙汰しております。
・いつも大変お世話になっております。

- その節は大変御迷惑をお掛けしました。
- その後、お変わりはありませんか？

(オ) 目的が達せられなかったとき

- 小川様のお戻りは、何時になりますか？
- ではまた改めて、こちらからお電話いたします。ありがとうございました。
- いえ、私がそちらに参上いたします。
- それでは、大変恐縮ですが、こちらにお越しいただくことは可能でしょうか？
- では大変恐縮ですが、電話があったことをお伝え願えますか？
- では大変恐縮ですが、伝言をお願いしてもよろしいでしょうか？
- 申し訳ありません、御担当様の（そちら様の）お名前を頂戴してもよろしいですか？
- お電話をしてもよい時間を、お教え願えますか？
- 御都合のよい日どりを、お教え願えますか？

(カ) 警察部内のとき

- もしもし○○交番山田です。××部長はいらっしゃいますか？
- もしもし○○交番山田です。××部長はおられますか？
- もしもし○○交番山田です。××係長は御在室でしょうか？
- もしもし○○警察署山田です。××係長は御在席ですか？
- もしもし○○警察署山田です。××係長は今、在庁しておられますか？
- もしもし○○交番山田です。××署長、夜分に大変恐れ入ります。
- もしもし○○警察署□□課△△係山田です。××の御担当は、そちらでよろしかったでしょうか？
- もしもし○○警察署□□課△△係山田です。××の件の御担当の方を、お願いしたいのですが。
- お疲れ様です。（会話の流れに応じて、適宜入れる）

ウ 街頭の場面／市民接遇の場面

- こんにちは。○○交番です。防犯警戒をしています。ちょっとお時間をください。
- こんにちは。○○署です。パトロールをしています。ちょっとこちらへ。

第1章　警察国語としての話し方

- こんにちは。この近くをパトロールしています。○○交番の山田巡査です。
- 最近××の被害が多発しておりますので、皆さんに声を掛けております。
- すみません。ちょっと自転車を、一緒に確認させてもらってよいですか？
- こんにちは。どちらの国の方ですか？
- 随分遅い時間にお疲れ様です。ちなみにお仕事は何ですか？
- ちょっと待って。2人乗りは危ないよ。
- こんにちは。○○署の山田巡査と申します。順番に、家庭訪問をしています。
- こんにちは。受持ちの、○○交番の山田です。今、10分ほどお時間、よろしいですか？
- こんにちは。大丈夫ですか？
- ○○交番です。お急ぎのところ、大変申し訳ありません。
- 何か御用でしょうか？
- あれっ？　何かありましたか？
- こんにちは。何かお手伝いできることはありますか？
- こんにちは。ちょっとお話を聞かせてください。
- 急いでおられる様子でしたが、何かありましたか？

(2)　ウケの場合
ア　上司に対して
(ア)　基　本

- すぐに参上します。
- ただいま参ります。
- はい○○係長、何でしょうか？
- はい○○部長、承ります。
- 山田巡査、出頭しました。

(イ)　下命された仕事が終わっているとき

- はい○○係長、先日の××ですね。準備はできています。
- はい○○係長、先日の××ですね。こちらの書類を御覧ください。

(ウ)　下命された仕事がまだ終わっていないとき・そもそも下命されていないとき

第2 具体的話し方

- ・はい○○部長、先日の××ですが、もう少し時間が掛かります。
- ・はい○○課長、先日の××にあっては、あと1週間お待ちいただけたらと存じます。
- ・あっ○○課長、私のミスで、すっかり失念しておりました。すぐに取り掛かります。
- ・いえ○○部長、申し訳ありません、私はそれを聞いてはおりません。
- ・いえ○○係長、それは記憶にございません。聞き漏らしておりましたら、申し訳ありません。

(エ) 下命を受けたとき・決裁を終えたとき

- ・このように進めます。御決裁ありがとうございました。
- ・了解しました。そのように進めます。
- ・了解しました。おおむね5日間、頂戴したく存じます。
- ・了解しました。来週までお時間をください。
- ・了解しました。○○係長と△△部長とも共有し、進めます。
- ・了解しました。ただ、あと1件、追加で御報告すべき事項があります。
- ・了解しました。○○課長への報告にあっては、どういたしますか?

(オ) 疑問があるとき・下命をすぐに実行できないとき

- ・趣旨了解です。しかし、先日申し上げた××については、どういたしますか?
- ・趣旨了解です。そういえば、××の点については、どのようにいたしましょうか?
- ・趣旨了解しました。あと、恐縮ですが××についても、御判断をいただきたいのですが。
- ・趣旨了解しました。しかし○○係長は、私に××を下命しておられます。
- ・趣旨了解しました。ただ私では判断できませんので、○○課長に報告いたします。

(カ) 内容的・時間的に、いったん退くとき

- ・申し訳ありません。それは確認しておりません。すぐに確認いたします。
- ・なるほど。そうしますと、御都合のよいのは何時頃でしょうか?
- ・申し訳ありません。それは存じ上げません。すぐに調査いたします。

- 失礼しました。関係資料を整え、再度報告に上がります。
- 失礼しました。御下問の点を確認し、再度参上いたします。
- 失礼しました。○○課長等と検討の上、もう一度御判断を仰ぎます。
- なるほど。署長のおっしゃることはごもっともです。なるほど……それでは関係規定等を当たりまして、また、課長・係長とも入念に相談しまして、もう一度御相談に参ります。
- なるほど。署長のおっしゃることはごもっともです。なるほど……ただ警察本部がまた違うことを言っておりますので、再度調整の上、御判断を仰ごうと考えております。

(キ) 締　め

- お時間をありがとうございました。
- お忙しい中、ありがとうございます。
- 大変参考になりました。
- 勉強をさせていただきました。

イ　電話の場面

(ア) 基　本

- はい○○交番、山田です。
- はい○○警察署、扱い山田です。
- はい、○○署○○係、山田です。
- お電話代わりました、山田です。
- お待たせしました、山田が出ております。
- 大変申し訳ありません。現在、別件が入っております。××時頃にこちらからお電話いたします。

(イ) 確　認

- 失礼ですが、お名前を頂戴してもよろしいでしょうか？
- 漢字ではどのようにお書きすればよいでしょうか？
- 失礼ですが、どのような御用件か、お伺いしてもよろしいですか？

(ウ) 取次ぎ

第2 具体的話し方

- 鈴木ですね、在所しております、ただいま代わります。
- 鈴木はただいま席を外しております。
- あっ、鈴木がただいま戻ってまいりました。少々お待ちください。
- 佐藤は本日、外に出ておりまして、在庁しておりません。
- 申し訳ありません。佐藤は本日、退庁いたしました。
- 申し訳ありません。佐藤は本日、休暇を頂戴しております。
- 小川はあと1時間で交番に戻ります。どういたしましょうか？
- 恐れ入ります、小川は2人おります。下の名前などを頂戴できますか？
- お電話のあったことをお伝えします。もう一度、お名前と御連絡先をお願いします。
- 鈴木はただいま別の電話に出ております。どのくらい時間が掛かるか分かりませんが、お待ちになりますか？
- 鈴木はただいま別の電話に出ております。終わり次第、鈴木から折り返しをさせるようにいたします。
- それは××課の担当になります。すぐに対応できるか分かりませんが、連絡してみます。少々お待ちください。
- ××課は現在、出払っております。私から、お電話のあったことをお伝えします。

(エ) 伝言を預かる

- よろしければ、御伝言を承ります。
- メモの用意を致しますので、しばらくお待ちください。
- 復唱します。(復唱)。以上でよろしかったですか？
- すみません、もう一度お願いしてもよろしいですか？
- 了解しました。以上の件、○○係の山田が承りました。
- すみません、最後のところが聴き取れませんでした。もう一度お願いいたします。
- 繰り返しになってしまい、申し訳ありませんが、もう一度、私にも事案の内容を御説明ください。
- よろしければ、これから参上したいのですが、御都合はいかがですか？
- 上司の判断を仰いだ上、すぐに折り返しをいたします。
- もう一度、こちらからお電話申し上げます。しばらくお待ちください。

- 本日中には、もう一度御連絡します。もうしばらくお待ちください。
- 御伝言を承りました。佐藤に伝えます。
- 御伝言を承りました。小川が戻り次第、伝達いたします。

(オ) 断る・打ち切る

- 申し訳ありません。私にはその件、分かりません。お役に立てず、申し訳ありません。
- それでしたら、関係先をお伝えいたします。そちらへ御架電ください。
- 申し訳ありません。そのようなことはできません。
- 申し訳ありません。ここは議論をする場ではありません。
- 申し訳ありません。それは私には判断できません。
- 申し訳ありません。御要望には添いかねます。
- 組織として判断する必要がありますので、ここで議論をすることは適切ではありません。
- 警察活動への御意見でしたら、ホームページ記載の（〜ダイヤル）で受け付けております。番号は次のとおりです。
- 御意見は承りました。これで失礼いたします。
- 御用件が以上でしたら、通常の勤務に復帰しますので、これで失礼いたします。
- 御意見は、今後の警察活動の参考にさせていただきます。失礼します。
- 御意見は、部内で検討いたします。その結果はお伝えできませんが、今後の警察活動の参考にいたします。御了承ください。

(カ) 判明していない事項があるとき

- 現時点で判明していることは、以上です。
- 調査回答します。（部内向け）
- そのように聞いておりますが、再度、確認をいたします。
- それは存じ上げません。至急確認し、もう一度報告（お伝え）いたします。

(キ) 第1報を締めくくるとき

- 詳しくは、また署に上がったとき、報告させていただきます。
- 第1報ですので、いきなりの電話で失礼いたしました。
- 関係資料は、署に上がったとき御覧に入れます。

第2 具体的話し方

ウ 街頭の場面／市民接遇の場面
(ア) 基 本

- はい。何でしょう？
- はい。何かありましたか？
- はい。どうされました？
- 分かりました。こちらへどうぞ。
- 分かりました。ちょっとお待ちください。
- 分かりました。それはお手続が必要です。お時間は大丈夫ですか？
- なるほど。もう少しお話を聞かせてください。
- なるほど。それは交番でお話を伺った方がよいですね。お時間は大丈夫ですか？
- 落ち着いて、ありのままを、ゆっくりお話しください。
- なるほど。ならばここで手続をしてしまいましょう。
- では、一緒に確認していきましょう。
- お待たせしました。こちらが書類になります。

(イ) 巡回連絡のとき

- 実は交番では、受持ちの全ての御家庭に、家庭訪問をしているのです。
- 住民の方とコミュニケーションを図るため、できるかぎり、家庭訪問に努めています。
- 御意見や御要望を承りたいので、10分ほど、お時間をください。

(ウ) 職務質問のとき

- ちょっとこちらへ。
- こちらでお話を伺います。どうぞ。どうぞ。
- ちょっとここでは自動車とか多くて危ないので、どうぞこちらに。
- ちょっとここでは多くの方が通られますので、どうぞこちらに。
- （あなた）（お姉さん）（お父さん）が誤解を受けたら私も悲しいので、どうぞこちらに。
- 他のお客さんが変な興味を持ったら、かえって御迷惑になってしまいます。どうぞこちらに。
- なるほど。交番でちょっとだけ、お話ししましょう。

- ちょうど防犯警戒中ですので、そのお話、聞かせてください。
- さっき発生した××事件ですが、何か目撃されていませんか？　ぜひお話を聞かせてください。
- よい天気ですね。どこへ行かれるのですか？
- 御協力いただければ、決して長いお時間は取らせません。
- 今日はどちらへ行かれるところですか？
- この近くの方ですか？
- お名前と御住所、頂戴してもよろしいですか？
- これも職務でして。事案の報告をするとき、必要となります。御協力ください。
- 上司に報告するとき、必要となります。個人情報の保護には、十分配慮します。
- 怒らせてしまったなら恐縮です。必要な確認だけで、すぐに終わります。
- ところで、この自転車は（あなた）（お母さん）（君）の自転車ですか？
- 自転車の防犯登録を、確認させてください。
- 自転車盗の被害が多いものですから。ぜひ御協力をお願いします。
- （あなた）（お兄さん）（奥さん）が怪しくないということを、一緒に確認したいのです。
- ありがとうございます。御協力感謝します。
- ありがとうございます。お疲れ様です。ところで……
- ……なら差し支えないと思いますので、ちょっとお出しいただいてもよろしいですか？
- 何でもないということなので、ちょっと触らせていただいてもよいですか？
- それでは確認のために、ポケットの上から触りますね。
- ポケットを裏返してください。
- 何も問題がないということを、一緒に確認させてください。お願いします。
- 危ない物があるといけませんから、拝見させてください。
- 持ち物を見せてください。
- 免許証を見せてください。
- 腕を見せてください。
- トランクを見せてください。
- ダッシュボードには何が入っていますか？
- 名前ということでしたら、ここに私の番号があります。

- もう少し時間をください。御協力感謝します。
- いえ、こちらの質問に答えてください。
- 私に対しての不満は分かりました。改めるよう努めますので、ぜひ御協力ください。
- お気持ちは分かります。ですが、本当のことを言ってください。お願いします。
- そんなに興奮なさると、余計にお時間が掛かってしまいます。御理解ください。
- お約束はできません。
- できるかぎりの配慮をします。
- 長い間、お引き留めしてすみませんでした。
- お手数を掛けました。本当にありがとうございました。
- どうぞ気を付けてお帰りください。
- このあたりも物騒になってきましたから、夜道には十分注意してくださいね。
- 私が事故を起こさせてしまっても大変です。帰りの運転には、どうぞお気を付けください。

(エ) 苦情・抗議を受けたとき

- 私の失礼については、私がお詫びします。私の職務執行だからです。
- あなたに御迷惑が掛かったのなら、その御迷惑について、私が謝罪します。
- ですので、御協力に感謝しています。本当にありがとうございました。
- 私の口調などについては、お詫びします。職務執行については、御協力に感謝します。
- 御協力ありがとうございました。ぜひまた御協力ください。

(オ) 接遇をするとき・市民応接をするとき

- 佐藤に御面会ですね。少々こちらでお待ちください。
- 佐藤に御面会ですね。お約束はございますか？
- わざわざお越しいただいて、どうもありがとうございます。
- 鈴木様ですね。お待ちしておりました。どうぞ。
- 佐藤の様子を見てまいりますので、少々お待ちください。
- お待たせしました。申し訳ありません。どうぞ。
- おはようございます。どのような御用件でしょうか？

- おはようございます。どの者をお呼びいたしましょう?
- 失礼いたしました。御案内いたします。どうぞこちらへ。
- どうぞこちらへお掛けになって、お待ちください。
- 無言(お茶を出すなどのときは、あえて「お召し上がりください」等と言わない)
- 大変申し訳ありません。佐藤は今、会議中です。
- その件でしたら、当交番の鈴木が承ります。
- よろしければ、当署の鈴木がお話を伺うことも可能です。
- 私でよろしければ、御伝言を頂戴いたします。
- 当交番に小川という者はおりませんが、何時のお約束でしょうか。勤務員に確認します。
- 小川はもう当交番にはおりません。申し訳ありませんが、どのような御用件でしょうか?

(カ) 話を明確にするとき・打ち切るとき

- なるほど。いったん、話を整理してみましょう。
- なるほど。するとおっしゃりたいのは……ということですね。
- では御質問に、順番にお答えします。まず……
- なるほど。では何ができるのか、一緒に考えてみましょう。
- そのような案件でしたら、私にはお答えできかねます。
- お話は承りました。私には判断できませんので、しかるべき上司に伝達いたします。
- お話は承りました。御連絡する必要があれば、後刻、しかるべき上司がいたします。
- そのようなことはできません。
- 急なお話では、署長もお会いすることができません。
- すみません、よく聞こえておりますので、もう少しゆっくりとお話しください。
- 失礼ですが、よく聞こえておりますので、やや声を小さくしてください。
- それは無理です。
- そのようなお話でしたら、承ることはできません。お帰りください。

(3) **敬語例文**

　平文を、敬語に直してみます。敬語の例文を暗記してしまいましょう。

ア　相手を上げる敬語（尊敬語）

　　大抵は「お（ご）〜になる」と、「お」を動詞の頭に付けることになります。動詞そのものが変化することもありますが、要は口が慣れているかどうかだけの問題です。

　　なお、部外の人に対して、部内の者を上げるのはマナー違反です。例えば「当署の署長がおっしゃるには」は誤りで、「当署の署長が言うには／当署の署長が申すには」と下げるのがマナー。すると例えば、以下の例文が用いられるのは、部内の、警察官同士の会話ということになります。

署長が言った	署長がおっしゃった
署長が聞いたことには	署長がお聞きになったことには
署長が思ったらしい	署長がお思いになったらしい
署長は知っている	署長は御存知です
署長が行く	署長がお出でになる
	署長が行かれる
署長が来る	署長がお越しになる
	署長が来られる
署長はいる（在室）	署長はおられる
	署長はいらっしゃる
署長が会う	署長がお会いになる
署長がそうする	署長がそうなさる
署長が見た	署長が御覧になった
署長が本部長に見せるそうだ	署長が本部長にお見せになるそうだ
署長がくれた	署長がくださった

署長が市長からもらった	署長が市長からお受け取りになった
署長が弁当を食べた	署長が弁当を召し上がった

イ　自分を下げる敬語（謙譲語）

動詞そのものの変化が多いので、暗記モノです。これも慣れです。

なお、謙譲語については、部内であろうと部外であろうと、自分であろうと署長であろうと、下げるべきときに下げるだけです。

課長に言った	課長に申し上げた
課長の指示を聞いた	課長の指示を伺った
	課長の指示を拝聴した
自分はこう思う	自分はこのように存じます
	（自分はこのように思います、でも自然）
それは知っている	それは存じ上げております
これから行くよ	これから参ります
	これから参上します
	これから伺います
自席にいる	自席におります
これから会えますか	これからお目に掛かれますか
そうするよ	そういたします
	そうさせていただきます
見てよいか	拝見してよろしいですか
課長に見せる	課長のお目に掛ける
	課長の御覧に入れる
被害者にあげる	被害者の方に差し上げる
もらうよ	頂戴します
	いただきます
それを借りた	それを拝借した

	（それをお借りした、でも自然）
弁当を食べた	弁当をいただいた

ウ　警察国語としての敬語の在り方

　司法書類・行政書類では、例えば供述者の発言を記載するとか、例えば訓示案を作成するといった場合以外——すなわち「話し言葉」を記載する場合以外、敬語が用いられることは想定できません。司法書類でいえば、捜査報告書にしろ、実況見分調書にしろ、へりくだることも持ち上げることも、まずありません。行政書類は、事実関係を記載するものですし、通達等を考えても、命令者がへりくだることも命令者を持ち上げることも、ありません。

　したがって、敬語を強く意識すべき場面というのは、「話し言葉」を用いる場面ですし、しかも、部内の会話においては、多少の言い間違えなら許されるでしょう（恥をかくくらいですむ）。

　すると結局、敬語については、①部外の方と話すとき、②部外の方を交えて話すとき、あるいは、③部外の方について話すときに、特に注意をして間違いのないようにすれば、それで必要にして十分なわけです。あえていえば、そうした「実戦」の場で言い間違えないように、日頃から部内でも注意しておく必要がある、くらいでしょうか。

　これと、先のア・イをまとめますと、次のようなことがいえます。

　　　注意点１：部外の方と、所外活動等において会話するとき、「自分を下げて」「相手を上げる」ことを意識する。

　　　注意点２：部外の方と、所外活動等において会話するとき、「警察関係者を下げる」ことを意識する（身内を言葉上持ち上げるようなことは絶対に避ける）。

　　　注意点３：部外の方に話が聞こえる可能性があるとき、「部外の方を上げない」ことがないように意識する。

　注意点１については、要は自分については謙譲語を用い（下げる）、相手については尊敬語を用いる（上げる）ということ。そのテクニック

は例文の暗記と反復に尽きる。注意点2については、「いや、ウチの署長がおっしゃったことには」「課長はこう判断なさっておられますよ」といった身内上げを、部外者の前では絶対にしないということ。注意点3については、例えば被害者の方が近くに座っているのに、バックヤードで「あの被害者が言うにはさあ」「……と思ってるんだって」「何でも、忘れちゃったそうだよ」等々、相手に聞こえる形で相手を上げないことがないようにする、ということ。

　あと、これは注意点として掲げるほどのことではありませんが、最後に1つ。

　敬語は、気持ちです。文法とテクニックは、後から付いてくるものです。社会人を2年もやっていれば、いくらでも身に付きます。ですから、最初のうち最も重要なことは、「文法的に正しい敬語を覚える」「文法的に正しい敬語を使う」「謙譲語、尊敬語等の敬語用語をマスターする」ことではなく、具体的な場面において、自分を下げるべきときは下げ、相手を上げるべきときは上げる。この気持ちをしっかり持ち、自分なりに、精一杯表現することです。敬語を使うから、敬意が示せるのではありません。敬意があるから、敬語を使わせていただくのです。そしてそこに敬意があるとき、まさか友人だの親だのと一緒の話し方は、できないはず。そうした敬意を、拙いながらも、一所懸命に示す。そこに多少の文法的誤りがあろうと、なんだかどこかアゲサゲ引っ繰り返ったような混乱があろうと、敬意が十分伝わるのなら、それがよい話し方です。若いうちならば、どこか引っ繰り返ったような拙い敬語でも、大抵の話し相手は、許容してくれます。そして具体的な場面において、「あっ間違えたな」「あっ知らないな」「あっ変だったな」と思ったら、そのときの恥の記憶と一緒に、この本やその他の書籍に当たって、敬語のアップデートを図ってください（そのとき「日常の話し言葉」と「正しい敬語」との間にはかなりのズレがあること、だから教科書の言っていることが必ずしも使えないこと、よって敬語は実戦の中でしか磨けないことが、

分かってくるでしょう。「警察官としておかしくない敬語」と「文法的に正しい敬語」の間には、かなりのズレがあり、一般論としては、前者の方がルールが緩いです）。

　繰り返しますが、水泳や、自転車に乗ること、あるいは外国語と一緒で、最初は誰もできません。経験値を積んで、実戦の中でうまくなっていくものです。最低限の例文を修得しつつ、文法的な縛りを必要以上に恐れないで、「キチンと上げる」「キチンと下げる」「気持ちを伝える」ことを最重点に、誠実に話してください。それが敬意です。

> 演習　前記の例文を用いながら、又は参考にしつつ、次の状況を想定し、A、B等の2人1組又は3人1組になって、会話を継続させなさい。ただし、それぞれの者は、それぞれの目的を達成するようにすること。

状況1

> A：警察官。交番で立番勤務中に、Bからの突然の訴出を受けた。他の勤務員は不在。
> B：市民。インフルエンザのため手続ができず、運転免許証を昨日、失効させてしまった。ゴールドであり、新たな試験も受けたくはないし、警察署の手続で済ませたい。このまま運転できるかどうかも不安に思っている。これらを警察官に確認したい。

【条件】
1　AとBは、それぞれの目的を達成するようにすること。
2　AとBは、BがAに接近してきた時点から状況を開始すること。
3　Aは、2の時点から10分後に被害届を提出に来る、某被害者とアポがあること。
4　Bは、自己の目的が達成されるまでは、何時間でも粘る者であること。
5　この交番においては、2の時点から2時間は、何の急訴も突発も臨場もないこと。

6　この交番には、所要の執務資料があること。

状況2

A：警察官。単独で、巡回連絡を実施中。今般は、Bの一軒家を訪問した。
B：市民。若い女性。配偶者から連日DVを受けているが、誰にも言い出せていない。警察官の突然かつ初めての訪問に戸惑い、早く帰ってほしいと思っている。

【条件】
1　AとBは、それぞれの目的を達成するようにすること。
2　AとBは、Aが玄関のチャイムを鳴らした時点から状況を開始すること。
3　2の時点から10分後に、ひったくりの110番指令が入るものとすること。
4　Bの手足の複数箇所にはあざがあるが、Bはそれを極力隠すものとすること。
5　Bの家には現在、他に誰も存在しないものとすること。
6　Aにあっては、想定される目的が複数あることに留意すること。

状況3

A：警察官。交番で在署勤務中に、来所したBからの申告を受けた。他の勤務員は不在。
B：市民。自分の郵便受けに見知らぬダイヤモンドが入っていたので、驚いて交番に来た。心当たりはないが、自分の郵便受けなので、自分のものになると思っている。万が一、自分のものにならなくても、時価相当のお金はもらえると思っている。これらを警察官と確認したい。

【条件】
1　AとBは、それぞれの目的を達成するようにすること。
2　AとBは、Bが交番のカウンタ前に立った時点から状況を開始すること。
3　Aは、2の時点から15分後に、警らに出発する必要があること。

4　Bは、その経営する中小企業の資金繰りに甚だ悩んでいる者であること。
5　この交番においては、2の時点から2時間は、何の急訴も突発も臨場もないこと。
6　この交番には、所要の執務資料及び所要の書式があること。

状況4

> A：警察官。甲駅前交番に勤務している。甲駅駅長からの110番通報に基づく指令によって、甲駅に臨場した。
> B：Aの相勤員。
> C：甲駅駅長。Dをクレーマーと認識し、Dから始発駅起点の全額運賃を徴収したい。
> D：市民。電車の車内で、正規運賃分の210円切符をなくした。Cから始発駅起点の全額運賃を請求され、改札でもめている。正規運賃は払っており、Cの要求は不当だと認識している。

【条件】
1　総員はそれぞれ、自分の目的を達成するようにすること。
2　総員は、AB両名が、CとDがもめている有人改札前に現着した時点から状況を開始すること。
3　AとBは、目的達成まで時間を費やせること。
4　CとDは、2の時点において、それぞれの主張を撤回する気は全くなく、一触即発であること。
5　有人改札前であるから、AとBは、通常の装備品のみを携帯していること。
6　端緒が110番通報であることに留意すること。

状況5

> A：警察官。自転車警ら中。自転車にニケツしている制服姿の高校生男女を発見。

B：自転車を運転している高校生男子。先輩から借りた先輩名義の自転車に乗っている。Cとはひったくり仲間である。かばん等は所持していない。
C：自転車に二ケツしていた高校生女子。かばんの中にたばこと、ひったくりのためのスタンガンを所持している。また、年齢を偽って管内のキャバクラで稼働している。

【条件】
1 総員はそれぞれ、自分の目的を達成するようにすること。
2 総員は、Aが、BとCを発見した時点から状況を開始すること。
3 Aは、目的達成まで時間を費やせること。
4 BとCは、徹底して非協力的ではあるが、犯罪者としての知識・経験には乏しいこと。
5 あらかじめ、具体的時刻（夕方何時、夜何時等）を設定しておくこと。
6 Aにあっては、想定される目的が複数あることに留意すること。

状況6

A：警察官。交番で在所勤務中、署長からブロック長宛ての警電を受けた。
B：署長。ブロック長に所要の指示があり、自ら警電をかけた。

【条件】
1 AとBは、それぞれの目的を達成するようにすること。
2 Aが交番の警電の受話器を取った時点で、状況を開始すること。
3 Bの目的は、交番連絡協議会の臨時会を、署で開催させることであること。
4 Bは、可及的速やかに交番連絡協議会を開催したい意思を有していること。
5 Bは、その日時、場所、出席者、議題等について腹案があること。
6 Bは、4について、ブロック長と直ちに相談したい意思を有していること。
7 ブロック長は、事案臨場のため、当面の間、帰所できないこと。
8 Bはせっかちであり、ブロック長が帰所し次第、具体的内容を詰めたいと思っていること。

9 以上から、Aは、Bの意向を聞き出すとともに、急ぎの旨を、確実にブロック長に伝えなければならないこと。

状況7

> A：警察官。拾得物件預り書を作成したが、重大なミスが5つある。ゆえに、Bから呼出を受けた。
> B：署の会計課長。Aの拾得物件預り書には毎回ミスがあるので、所要の指導をする。

【条件】
1 AとBは、それぞれの目的を達成するようにすること。
2 Bは、状況開始以前に、Aの具体的なミスを5つ、設定しておくこと。
3 Aが、署の会計課のドア前に到達した時点で、状況を開始すること。
4 Bは、職人肌の厳格な者であり、威圧的な指導をする者として知られていること。
5 Aは、自分のミスに気付いていないため、預り書をBとともに見つつ、2で設定された具体的ミスをBから教えてもらう必要があること。
6 Bは、積極性のない者に対しては、全てを教える気がないものとすること。
7 Aは、全てのミスについて指導を受けるまでは、退出を許されないものとすること。
8 Aは、全てのミスについて指導を受け終えたら、指導内容を復唱しなければならないものとすること。
9 Aがドアから退出できた時点で、状況終了となることとすること。

状況8

> A：警察官。深夜の単独警ら中、眼前でオートバイによるひったくりを現認した。
> B：署通信室係長（※あえて通信指令室とはしないものとする）

C:署地域課長。この時間帯、仮眠中である。

【条件】
1 総員は、それぞれの目的を達成するようにすること。
2 AとBは、状況開始以前に、自分たち以外によって、犯行・犯人の概要等を、想定として作成してもらうこと。
3 2の想定は、状況開始直前に、Aのみが読むものとすること。
4 Aが2の想定を開き、事案を現認したこととなる時点をもって、状況を開始すること。
5 Aは、状況開始後は、2の想定を閉じ、それを読んではならないこと。
6 Aは無線の発報により、事案の概要を報告すること。
7 Bは無線報告を受理しつつ、詳細不明な事項等について、Aに発問すること。
8 AとBの会話は、無線通話であることに留意すること。
9 さらにAは、仮眠中のCに警電をかけ、事案の概要を報告するものとすること。この場合においても、2の想定を読んではならないこと。
10 Cは寝起きであり、通常よりも理解力・判断力が落ちているものとすること。
11 Cが事案の概要を理解でき、その旨をAに告げた時点で、状況終了となることとすること。

4 いわゆる「六何の原則」

話し方にも書き方にも適用できますが、早めに知っておくと便利なので、ここで「六何の原則」を紹介します。

これは、事実を描写するとき、物語を描写するとき等に必要となるコア、あるいはエッセンスの集まりのことです。そして、英語の疑問詞(何ナニ、に関連する用語)を用いたコアが6つあるので、6つの何の原則ということで、「六何の原則」と呼ばれます。

これを言い換えると、人が事実・物語を描写するときは、最低でもこの

「6つの何」を満たしていなければ、必要な情報を提供できたとはいえない——ということになります。

そして、その6つの何とは、
- いつ（When）
- どこで（Where）
- 誰が（Who）
- 何を（What）
- なぜ（Why）
- どのように（How）

の6要素です。それぞれの頭文字を取り、和製英語で、「5W1H」（ごダブリューいちエイチ）ともいいます。

具体例で見てみましょう。職質のプロセスを文章にするとします。すると、そのエッセンスは、6つの何から、例えば
- いつ不審者等を発見し、いつ声掛けし、いつ任意同行を掛け、いつ所持品検査をしたのか
- どこで不審者等を発見し、どこで声掛けし、どこに任意同行し、どこで所持品検査をしたのか
- 誰が不審者等を発見し、誰が声掛けをし、誰が任意同行を掛け、誰が所持品検査をしたのか
- 対象はどのような者なのか、対象のどこが不審だったのか、対象は何を所持していたのか、対象の言動はどうであったか
- なぜ職質対象者だと認めたのか、なぜ任意同行ができると判断したのか、なぜ当該場所に任意同行したのか、なぜ所持品検査ができると判断したのか
- どのように対象に接近したのか、どのように対象に声掛けしたのか、どのように任意同行を掛けたのか、どのように所持品検査を行ったのか

等の項目を、すぐに立てることができます。捜査書類であれ、行政書類であ

れ、これらの項目から職質のプロセスを物語ることは、さして難しくはないでしょう。このように、六何の原則（５Ｗ１Ｈ）は、話し言葉であれ、書き言葉であれ、「物語るための骨子」「物語るための項目」を、立てやすくしてくれます。

　口頭で事案の報告をするときも、「いつ、どこで、誰が、何を、なぜ、どのように」をひな形として押さえておけば、話が組み立てやすくなります。

　なお、警察官の話・警察官の文書には、何かの目的があり、したがって必ずオチがあるものですから（そうでなければ雑談・遊びメール）、六何の原則のほか、「結果」（Result、Ｒ）が付くのは当然です。実際、５Ｗ１Ｈは、この結果を合わせて、「５Ｗ１Ｈ１Ｒ」と呼ばれることもあります。「結果」が付くのは当然なので、詳しく論じませんが、Ｒを忘れてはならないのはもちろんです。

第2章　警察国語としての書き方

第1　基本的考え方——「警察官が書く」ということ

　警察官が話すとき、「あなた」自身が話すわけではないように、警察官が書くときもまた、「あなた」自身が書くわけではありません。公務員として、部下職員としての「社会的人格」が書くわけです。また、警察官が書くとき、それはほとんどが「事実」を書くことになります（少なくとも、事実を基にした推測か、事実を基にした分析が加わる程度であって、全くの創作が出てくる余地は皆無です。これは行政文書であっても、捜査書類であってもそうでしょう）。

　そこに、文章がうまいとか表現が美しいとかいった、一般論としての「書き方が達者である」という要素は、全く必要ありません。

　なぜといって、第一にそれは公務員としてのあなたが、例えば警察署長の手足として書くものですから、個人的な文才が必要となるはずがない。代理人として、機関として、例えば見てきたこと、聴いてきたことをありのままに書けばそれでよいのです。

　またなぜといって、第二に、それは事実を書くものですから、うまく書いたり美しく書いたりすることは、百歩譲って読み手に優しいのかもしれませんが、二の次です。事実が、事実として、過不足なく、誤りなく書かれていればよいはずです。

　ここで、2つの例を挙げましょう。

　1つ目は、判例です。どんな判例でもよいので、刑事事件に係るものを1つ、できれば全文、用意してみましょう。そして主文から最後まで読み下してみましょう。100人いれば100人が「ひどい悪文だ」と思うはずです。読みやすくもなければ、やたら言い回しが難しかったり、妙に1文が長かったりと、御世辞にもうまい文章で書かれているとは言えません。むしろクセがありすぎて、

「うまく読めるようになるまで」ひと苦労です。文学的な美しさとか、読み手に配慮した表現の工夫等は、皆無です。しかし、それはわざとです。目的があって、特殊な書き方をしているのです。その目的を、ここでは、一般論として「法令の解釈を、誤解の余地なく、できるだけ正確に書く」としておきましょう。判例はこの目的を最優先しているので、読みやすさを犠牲にしても、裁判所の流儀で「裁判所の書き方」を貫くわけです。これを裏からいえば、「明確な目的があるから、文体・スタイルが決まるし、書く内容も決まる」ということであり、しかもそれは「日本語として美しいか」といった観点を、わざと無視したものだということです。

　目的があるから、文体が決まり、書く内容も決まる。
　それは、一般的な「日本語の美しさ」とは無関係である。

　このような文章の例を、もう１つ挙げましょう。通達です。どんな通達でもよいので、例規集等に収録されているものを１つ、全文、用意してみましょう。そしてこれもまた、保存期間から最後の「了」まで読み下してみましょう。これまた、100人いれば100人が「ひどい悪文だ」と思うはずです。可読性を全く無視していますし、特殊な用語を駆使していますし、やはり１文の長さが際立つなど、読み手のことを考えた文章ではありません。ただこちらは、クセに機械的な特徴がありますので、「うまく読めるようになるまで」の労苦は判例ほど多くはないのですが、いずれにしろ、そこに、一般的な意味・国語的な意味での「読みやすさ」はありません。そして、それもまたわざとです。やはり目的があって、特殊な書き方が導入されている。その目的を、ここでは、一般論として「命令の内容を、誤解の余地がゼロになるまで、正確さを最優先として書く」としておきましょう。通達はこの目的を最優先しているので、読みやすさを犠牲にしても、警察組織の流儀で「警察官の書き方」を貫くわけです。これもまた、「明確な目的があるから、文体・スタイルが決まるし、書く内容も決まる」ということですし、しかもそれは、「日本語として美しいか」といった観点を、わざと無視しているわけです。

　目的があるから、文体が決まり、書く内容も決まる。

それは、一般的な「日本語の美しさ」とは無関係である。

今は、判例と通達という2つの例を挙げましたが、実はこれは、捜査報告書、実況見分調書といった捜査書類であっても、全く変わりません。

まとめますと、警察官が書くとき、その基本的な考え方は、

基本的考え方1　何のために書くのか、その目的が最優先である

基本的考え方2　目的がハッキリしていれば、どのような文体で書くかは決まる

基本的考え方3　目的がハッキリしていれば、どのような内容を書くかは決まる

基本的考え方4　目的のためには、国語の教科書的な「美しさ」は必要ない

ということになるでしょう。

そして、もっといえば、その「目的」とは、職務の具体的な場面において、あるいは任務の具体的な内容によって、あなた以外の誰かが、もう決めてしまっているはずです。被害届を代書するなら、被害者本人に代理して、警察署長に、被害の事実を申告すること。捜査報告書を書くなら、捜査に従事した者として、所属長に、捜査の結果を報告すること。供述調書を作成するなら、取調べ官として、被疑者等の供述を録取すること。捜査書類だけではありません。拾得物件預り書を書くなら、警察署長に代わって手続をとる取扱警察官として、拾得者の民事上の権利を保護すること。はたまた、将来的に、通達を起案するのであれば、警察本部長なり警察署長なりといった命令者の命令を、過不足なく、誤りなく示達できるようにすること。すると、警察官が書くときの「目的」とは、あなたがあれこれ考えることではなく、そもそも命令されていることなので、改めて考えるというよりは、

基本的考え方5　書く目的は何なのか、もう一度、キチンと確認しておく

ことが重要になります。その書類は何のために作成するのか。誰の立場に立って作成するのか。何を証明するために作成するのか。誰に宛てたもので、誰の

言葉遣いになるものなのか。最終的には、どのような使い方をされるものなのか——これらを一度押さえておくだけで、「警察官が書く」ときの迷いは、かなり軽減されます。本質なり目的を押さえておらず、ただ真似をしたり言われるままに書いていると、いつまで経っても「書き方が分からない」ことになりかねません。それはそうです。「目的」が分からない文章などというものは、プロの世界では存在しないはずだからです。

　また次に、「どのような文体で書くか」ですが、これも実は、迷う必要がありません。およそ役所の世界に「全く新しい仕事」というのは存在しないので——少なくとも現場レベルでは存在しないので——要は先人の真似をすればよいわけですが、これまた、ただ単に真似をしているだけでは、いつまで経ってもお手本から抜け出すことができません。お手本は、公務員にとって必要不可欠なものですが、お手本がなければ何も書けないというのは、実務上甚だ不便です。すると、それら無数のお手本から、「ルール」を学ぶ必要がある。いえむしろ、無数のお手本というのは、書き方のお手本ではなく、「ルール」の生きた実例なのです。そのルールというのは、文体のルールです。そして捜査書類であれ、行政書類であれ、ひとたびルールを修得してしまえば、実はそんなに難しいものではありません。捜査書類については、また違った教科書等があるでしょうから、このテキストでは、行政書類についてのルールを後刻、概観します。それを知っておくだけで、「どのような文体で書くか」の迷いは、ほとんど払拭されるでしょう。その程度のものです。喩えるなら、英検3級あるいは2級程度の外国語のルール。そうです。「警察官の話し方」のところでも触れましたが、警察官の書き方、とりわけ警察官の文体にあっても、それは日常言語ではなく、ある意味での外国語なのです。正確に言えば、人工言語です。ものすごくシンプルな例を挙げれば、and と or の使い方が分からないのに、それを英語で表現することはできません。when と if の使い方が分からないのに、それを使った英語を書くことはできません。いえ、単語の綴り方が分からなければ、そもそも「書き方」以前の問題になってしまう——多くの警察官が、例えば警部レベルになっても、行政書類の書き方を苦手としているのは、一般に言われ

ているように「警察官がバカで文才がないから」ではなく、「外国語としての行政書類の書き方を勉強していないから」、もっといえば、「人工言語としての行政書類の文法を誰も教えなかったから」で、それだけのことです。しかも重ねて、その外国語なり人工言語なりの行政書類の「文法」の難しさというのは、せいぜい英検3級ないし2級程度のものでしかなく、しかも、このテキストも含め、キチンとした教科書もあります。ゆえに警察官が書くとき、「どのような文体で書くか」については、

　　基本的考え方6　文体についての基本的な文法（人工言語としての文法）を知る

　　基本的考え方7　文体についての基本的な文法を、無数のお手本で確認する

ということが、大切になってきます。とても簡単なことですが、大切です。

　すると、目的とルールが定まりますから、あとは内容。

　しかし、内容はほとんどが「事実」のはずです。なるほど事実を再構成したり要約したり編集したりする上で、「文才」があればあったに越したことはありません。しかし、①先に述べた「六何の原則」に従っていけば、それはおのずからまとまっていくものですし、②そもそも書き伝えたい「目的」があなたを誘導してくれるはずですし、また、③それこそ優れた先人のお手本を幾つか用意すれば、「事実」を「事実」として記載することは難しくありません（例えば被害届の「被害の模様」であれ、現行犯人逮捕手続書の「現行犯人と認めた理由及び事実の要旨」であれ、何を書き記さなければならないのかという目的がハッキリしていれば、ワープロの手が止まるということはないはずです。もし止まるとすれば、あなた自身が「目的」を定めていないからです。もちろん、訓練と慣れは必要ですが……どんなプロの仕事であれ、ある程度の訓練と慣れは必要で、それも給料の内です）。いずれにしろ、ここで言いたいのは、内容≒事実を書いていくのに、文才は必要不可欠でもなければ、文才を有していることが推奨されるわけでもない、という当たり前のことです。それはそうです。内容≒事実という素材はもう用意されているのですから、それはどの警

察官が書き記したとしても（ほとんど）同じでなければならないはず。ならば、個々の警察官の文才など、言い過ぎを恐れなければどうでもよいことです。よって、警察官が書くとき「どのような内容を書くか」については、

　　基本的考え方８　　職責と任務と目的から、書く内容は自然に決まるし、
　　　　　　　　　　　　決める

ものだ、ということが指摘できます。

　そして最後に、この「基本的考え方」のまとめとも言える大きなポイントですが、以上の基本的考え方１ないし８から当然導かれるのは、

　　基本的考え方９　　警察官個人の文才・日本語の素養は、人工言語としての「警察官の書き方」にとっては、ほとんど意味がない

　　基本的考え方10　　書類の書き方と、国語能力は、ほとんど別のものとして考える必要がある

ということです。文才が有り余っていたり、国語能力に秀でた方は、小説家か国語の教師になればよいでしょう。しかしプロとしての警察官に必要なモノは、そうしたモノではありません。裁判官が「判例言語」を駆使できるように、ＳＥが「プログラミング言語」を駆使できるように、警察官は「捜査書類言語」「行政書類言語」を駆使できればよい。それは、先に述べた例のように、一般社会における読みやすさとか分かりやすさとかとは、甚だ異質なものです。なぜといって、もう一度だけ言えば、「捜査書類言語」「行政書類言語」は人工言語であって、日常の日本語ではないからです。

　ですので、日常の日本語を磨くための努力をすることは、決して無駄ではないでしょうが、ならそれで、例えば英検３級レベルの英語が書けるようになるかというと……まず無理でしょう。ここに、「警察官にとって必要な国語の教養」の、大きな落とし穴があると考えます。

　なるほど日常の日本語を磨くことは、きっと将来の、例えば英語表現を豊かにしたりするでしょう。その意味で無駄ではない。けれど、もっとストレートで大切なことは、知らない文法そのものを勉強することです。そして余力があ

れば、日常の日本語も磨けばよい。肝心の文法を教えないで、どれだけ日本文学の名著に当たらせようが、連日新聞を読むようにさせようが、コラムを書き写したりさせようが、努力の方向が明後日を向いています。

　目的は、人工言語としての「捜査書類言語」「行政書類言語」をマスターすることですから、素直にその文法から入ればよい。

　というわけで、本節「基本的考え方――警察官が書くということ」の次は、いきなり「文法」に入ります。人工言語としての、警察官がプロとして押さえておくべき「文法」です。そして、「文法」をひととおり概観した後、そのルールの枠内で、どれだけ「読みやすく」「分かりやすく」するかといった、日常の日本語にも通じる各種ルールを、見ていくことにしましょう。

第2　公用文の書き方（人工言語の文法）

　公用文とは、官公庁において、公務員が職務上作成する全ての文書をいいます。あなたが作成する場合もあるでしょうし、他の公務員が作成したものを、あなたが受けとる場合もあるでしょう。また、より実際的には、それは捜査報告書その他の捜査書類だったり、拾得物件預り書その他の行政書類だったりします。式次第、会議次第といったものかもしれません。弔事連絡や、ある種の回覧文書かもしれません。

　さてその昔、捜査書類は文字どおり縦書き書式だったので、「タテガキ」と呼ばれ、「ヨコガキ」の行政書類と区別されたものでしたが（そしてタテヨコの違いがありましたので、例えば数字の表記の仕方等が派手に違ったものでしたが）、現在は捜査書類も横書き書式となっていますので、以前ほどの「クセ」はなくなってきたように思えます。また、捜査書類の書き方については、それこそタテガキ時代から、たくさんの良書が出ています。

　そこで、このテキストでは、公用文の書き方――人工言語の文法を学ぶに当たって、一般的な、何にでも使える、横書きの「行政書類」を念頭に置くことにします。ここで、「何にでも使える」というのは、ワープロソフトを開いて、

Ａ４書式の文書をいきなり打ち始められる、という意味です。

すなわちここでは、公務員（警察官）が職務上、ワープロソフトを開いて、Ａ４書式の文書をいきなり打ち始めるとき、最低限守らなければならない文法＝ルールを概観します。

捜査書類への応用であるとか、それぞれの都道府県で定められている書式への対応（文書番号、発出者、名宛人その他のレイアウト等は、各都道府県で大きく違います）については、必要な都度、お手本であるとか参考資料をひもといてください。ここではあくまで、「文法の基礎の基礎」「これから現場で文書を作成する警察官が、最低限押さえておくべきルール」を見ていきます。

1　公用文の文体

いわゆる常体（じょうたい）を用います。すなわち、「だ」「である」体を用います。

発言をそのまま引用するなど、あなたの文章でないものにあっては、もちろん敬体（「です」「ます」体）を用いてもかまいません。しかし、公用文ではあまり引用の例はありません。

2　件名（標題）

公用文には、件名を付します。

メールでいう Re: のような、既に受けとった文書への回答でないかぎり、自由に付してかまいませんが、内容を簡潔明瞭に示した件名である必要があります。また、ほとんどの場合において、末尾は「〜について」です。これは慣例的なものです。

　　　例１　公文書作成に係る教養の実施について
　　　例２　いわゆる「警察官の話し方」実戦塾の開催について

なお、Re: のようなときは、例えば「貴省御提出に係る意見に対する回答について」「平成30年12月31日付け〇〇〇〇に対する意見について」等、もらった文書に対するリアクションであることが簡潔明瞭に分かる件名にするだけです。

それぞれの都道府県ごとのローカルルールにもよりますが、原則としては、件名は、左３文字のスペースを空けてから書き始めることになっています。

3 性質略記

公用文の件名には、その文書の性質を現す漢語を、括弧でくくって付記します。これも慣例的なものです。例規集等に見られるお手本以外のものは、用いない方がよいでしょう。

　　例1　公用文作成に係る教養の実施について（事務連絡）
　　例2　いわゆる「警察官の話し方」実戦塾の開催について（通達）

4 文書記号、文書番号、年月日、宛名、発出者名等

公用文は、公務員が職務上作成する文書ですので、それぞれの都道府県警察が定める様式に従い、次のような約束事を記載しなければなりません。

(1) 文書記号とは、その公文書を発出する所属等を明らかにするもので、漢字の略号であることが一般的です。その略号は、「文書レベル」（どの職制にある者が出したか。警察本部長、警察本部の部長、警察署長等）を示す漢字と、「所属」（警察本部の○○課が出したのか、○○警察署が出したのか）を示す漢字の、ルールに基づいた組合せになります。これと文書番号が一体となって、「どの所属が」「その年何件目の文書として」発出したかが分かるようになります。

(2) 文書番号とは、「第○○号」といった通し番号です。上述のとおり、文書記号と一体となり、文書の特定に用いられます。「ハツバン」（発番）といったりします。

(3) 年月日は、元号を用いたアラビア数字の発出年月日を記載します。数字の記載ルールについては、すぐ説明します。

(4) 宛名とは文書を発出する相手方、発出者とはあなた又はあなたの上司です。誰が公文書を発出できるかも、それぞれの都道府県警察で定められていますので、そもそもあなたの名前では公文書が作成できない場合があります。そのときは、作成等する権限のある上司が発出者となり、その官職等が公文書に記載されることになります。

(5) 上の、文書記号、文書番号、年月日、宛名、発出者等については、それぞれの都道府県警察で、それぞれ独自のルールを定めているのが実態です

ので、一般論にはあまり意味がありません。自分の属する都道府県警察のルールを手引きとしながら、「どこに」「どんなスタイルで」「何文字空けて」記載するかを、確認することになります。そもそも表形式（スタンプ形式）を採っている都道府県警察も少なくありませんし、上の要素以外にも「秘区分」「文書保存期間」等が約束事となっていることも多いです。

言ってみれば、文書記号等については、ローカルルールが極めて強い部分です。

5　文書スタイル

(1)　左横書きです。極めて特殊な、技術的な文書以外は、左横書きです。
(2)　改行は、原則として日常の日本語どおりです。
　　ア　文章の書き起こしのときは、頭を1字空けます。
　　イ　改行をした後は、頭を1字空けます。
　　ウ　例外ですが、「ただし」を用いるときは、改行してはいけません。文法です。
　　エ　同じく例外ですが、「なお」を用いるときは、必ず改行します。文法です。
　　オ　文書の中で「記」（下記のとおり、を用いたいときの「記」）を付すときは、「記」をセンタリングします。文法です。
(3)　件名の次の行から、本文を書き始めます。

　　ローカルルールの多い「文書記号」等、そして件名・性質略記の後は、1行改行して、いよいよ本文を書き始めます。しかし、本文はいわば箇条書のできない文章の連なりなので、あまり長くはしないのが一般的です。極論、本文は

　　　　標記の件にあっては、下記のとおりであるから報告する。
　　　　見出しの件にあっては、下記のとおりであるから連絡する。
　　　　平成○年○月○日○○発第○○○○号の意見照会につき、下記のとおり回答する。

という1文のみで、あとは次の行に「記」を入れ、その次から事実上の箇

条書きを始めてしまうというのは、めずらしくありません。もちろん、本文のみで「記」を用いない公文書というのもありますし、異例ではありません。ただそれは、例えば詳細な命令というよりは、お手紙といった感じが強くなります。

(4) 見出し符号（パラグラフの番号等）にも、一般原則があります。

　本文をシンプルにすませたとき、必ず「記」以下で、事実上の箇条書きをする必要があります。例えば、会議の開催を連絡するのであれば、「議題」「開催日時」「開催場所」「出席予定者」「注意事項」「質疑先」……等を、箇条書きのように書き出していかなければなりませんね。このとき、本当の箇条書きならば、

　　・議題
　　　若手警察官の公用文作成能力向上方策について
　　・開催日時
　　　平成〇年〇月〇日（水）　午前10時00分から午後3時00分までの間
　　・開催場所
　　　警察本部別館6階大会議室

等々と書いていきますが、公用文では、この「・」（ナカポツ、後述）の代わりに「見出し符号」を用いて、パラグラフを整理します。その見出し符号とは、大原則として、アラビア数字の全角です。ですので、上の例でいえば、

　　1　議題
　　2　開催日時
　　3　開催場所

という、事実上の箇条書きの見出しが立つことになります。

　ここで、全角数字の次は、1字空けます。

　その見出しの内容は、改行して、次の行に書きます。それは文章でもかまいませんし、またもや箇条書きでもかまいません。またもや箇条書きを用いるときは、レイヤー（階層）が変わりますので、アラビア数字全角の

第 2 章　警察国語としての書き方

見出し符号はもう使えません。そのとき用いるのは、半角の括弧付きアラビア数字です（(1)、(2)、(3)……）。この見出し符号を使うときも、符号の次は 1 字空けます。見出し符号の次は、必ず 1 字空けます。

　さらに、この(1)等においても、文章を書いてもかまいませんし、またもや箇条書きを用いても問題ありません。このとき、またレイヤーが変わりますので、今度はカタカナ全角を見出し符号として用います（ア、イ、ウ……）。同様に、その次のレイヤーは㋐㋑㋒等となり、その次は全角 a b c 等、その次は括弧付き半角 abc（(a)(b)(c)……）となっていきます。これを整理すると、例えば次のようになります。

　　　1　議題
　　　　(1)　若手警察官の会話能力の向上方策について
　　　　　ア　市民応接の場面における会話能力の向上
　　　　　イ　職務執行の場面における会話能力の向上
　　　　　　㋐　職務質問の場面を想定したもの
　　　　　　　　a　立番等在所勤務を想定したもの
　　　　　　　　b　警ら等所外活動を想定したもの
　　　　　　　　　(a)　警ら一般
　　　　　　　　　(b)　夜間警ら
　　　　　　㋑　巡回連絡の場面を想定したもの
　　　　　ウ　警察署等における会話能力の向上
　　　　(2)　若手警察官の会話能力向上方策の実践例について
　　　2　開催日時

内容はどうでもよいので、箇条書きの「・」に代わる見出し符号の使い方、位置、字のアキ／ソロエに注目してみてください。例えば、「1」と「(1)」のズレ方。あるいは「(1)」と「ア」のズレ方。そして結果的には、縦の並びを見たとき、例えば半角ズレた文字はないこと。ゆえに、もちろん本文を書き入れたときも、例えば半角飛び出した文字はないこと。こうしたことは、全国規格で一緒です。ですので、上の例のようなときに、例

えば見出し／本文が「妙にデコボコとズレている」ときは、どこかにミスがあると分かるわけです。それは形式上のミスではありますが、それをチェックする上司の側は「形式がチェックしきれていないのならば、内容はもっと怪しい」と脳内に赤信号を灯すこととなります。

では、見出し符号の説明の最後に、見出し符号「第1」「第2」等について述べます。原則として、普通の公用文で見出し符号「第1」「第2」を用いることはありませんが、例えば事実上の箇条書きが、「1」から「30」にまでなってしまうとき。これは、連番にしたままだと読みづらいですし、きっと意味のまとまりによって、整理することができるはずです。あるいは、たとえ事実上の箇条書きが「1」から「4」だけであったとしても、その内容が大きく2つに分かれ、性質がまるで違うということも考えられます。

そのようなときは、今度は一段上のレイヤーを用意します。それが「第1」「第2」等です。事実上の箇条書きの数が多いときは、「1」から「10」までを第1に、「11」から「20」までを第2に、「21」から「30」までを第3にくくり、それぞれにふさわしい3つの標題を付する方が読みやすいでしょう。また、「1」「2」が心構え、「3」「4」が具体的措置要領だったりするときも、第1と第2に分けてくくった方が分かりやすいでしょう。

「第1」等の用い方は、そのようなかたちになります。なお、形式的にどの位置に来るかを、最後に示しておきます。内容はどうでもよいので、字のアキ／ソロエに注目してみてください。例えば「第1」を用いると、普通、左端にそろえていた「1」が、1文字分右にズレます。

　　第1　所属長等による会議の開催等を通じた全職員への意識付け
　　　1　議題
　　　　(1)　若手警察官の会話能力の向上方策について
　　　　　ア　市民応接の場面における会話能力の向上
　　　　　イ　職務執行の場面における会話能力の向上

(5) 公用文における数字の書き方については、諸々のルールがあります。

ア　大原則として、アラビア数字の全角を用います。
イ　1桁の数字を用いるときは、全角のままにします。文法です。
　　　例1　……にあっては、第1の3において示達したところであるが……
　　　例2　被疑者は3名であり、うち2名にあっては、男性である。
ウ　数字が2桁以上になるときは、アラビア数字の半角にします。文法です。
　　　例1　約30人の少年等が、い集しているとの無線連絡を受け……
　　　例2　2018年におけるいわゆる振り込め詐欺の被害にあっては……
　　　例3　電話番号にあっては、9999－0110である。
エ　数字が4桁を超える場合であって、それが数量を意味するときは、漢字で「万」「億」等を付加します。このとき、千の位を半角カンマ（,）で区切ります。文法です。
　　　例1　被害金額にあっては、約456億2,505万円となった。
　　　例2　災害対策に従事した警察官の延べ人数は、2万4,501名である。
　　この例2のとき、「2万」の「2」は原則どおり全角であることに留意してください。
オ　小数は、そのまま記載します。2桁以上になるので、原則どおり半角になります。なお、小数点には半角ピリオド（.）を用い、例えば「・」（ナカポツ）、カンマは用いません。
　　　例　0.2％の警察官に、非違行為がみられた。
カ　分数は、括線（あの横棒）を用い、そのまま書き表してもよいですが、書式設定の便宜等から、「2分の1」「5分の3」等と書き下す方が主流です（スラッシュ（／）を用いることはできません）。この場合において、原則どおり、分母や分子が2桁以上になるなら半角となります（「10分の6」等）。
キ　時刻を表記するときは、様々な方法がありますが、「午後10時55分」「午前4時05分」等と書き下す方が主流です。24時間制も使用可とされ

第2　公用文の書き方（人工言語の文法）　77

ていますが（22時55分、04時05分等）、実際にはあまり見掛けません。もちろん、例えば「平成30年1月5日午前10時00分から午後1時20分までの間」のように、原則どおり、半角と全角を使い分けます。

ク　漢数字を用いなければならない場合があり、アラビア数字の大原則と時々混乱しますので、注意してください。

(ア)　地名、人名等の固有名詞の中の数字は、もちろん漢数字そのままで表記します。

(イ)　アバウトな数を示す口語の場合、漢数字を用います。とりわけ「にさんにん」「しごにち」「ごろくねん」といった、連語的な数字使用については、漢数字を用いることとされています（ただし、正確さを旨とする公用文とは、あまり相性がよくなく、実際上、それほど見掛けるものではありません。また、「5、6人の目撃者が存在していた」と書いたとしても、それは、慣例的には、明らかな間違いとまでは言えないと考えます）。

　　　例1　数十日を要する。
　　　例2　四、五日と目算されている。
　　　例3　二、三人であろうとの証言が得られた。

(ウ)　口語表現として「1つの言葉」になってしまっている数字は、漢数字で書きます。

　　　例1　五十歩百歩である
　　　例2　その一部分を取り出して……
　　　例3　一休みの機会を設けるなど……

6　区切り符号（いわゆるマルポツ）

(1)　「。」（マル）

ア　日常の日本語どおり、文の終わりに付します。これは難しくありません。

イ　日常の日本語と異なり、括弧書きの文の終わりにも必ず付します。これは人工言語の文法です。

例1　警察官が修得すべき話し方（雑談等に係るものを除く。）にあっては……

例2　全角アラビア数字を用いる文（以下「全アラ文」という。）のときは……

しかし、括弧書きの中が文でないときは（単なる名詞であるなど）、もちろんマルを付する必要はありません。

例3　警察官が修得すべき話し方（警察話法）にあっては……

ウ　箇条書きのように、要素を列記する場合において、要素を「……こと」「……とき」でくくるときは、文の終わりでないにもかかわらず、必ずマルを付します。これも人工言語の文法です。ただし、要素がこれら以外の名詞等で終わっているときは、付してはなりません。

例1　警察官が修得すべき話し方は、次のとおりとする。
　　1　市民応接における話し方に関すること。
　　2　職務質問における話し方に関すること。
　　3　巡回連絡における話し方に関すること。

例2　警察官が修得すべき話し方は、次のとおりとする。
　　1　市民応接における話し方
　　2　職務質問における話し方
　　3　巡回連絡における話し方

例3　警察官は、次の場合にあっては、話し方の教養を受けなければならない。
　　1　警察学校における修得状況が不十分であると認められるとき。
　　2　職場実習における修得状況が不十分であると認められるとき。
　　3　実戦実習における修得状況が不十分であると認められるとき。

(2) 「、」(ポツ、てん)
　ア　日常の日本語どおり、意味の区切りで付したり、リズムのよいところで付したり、長くなりすぎると意味が取りづらくなるところで付したりします。これは難しくありません。
　イ　公用文では、とりわけ主語の後にまず付するのが一般的です。
　　　例１　若手警察官は、次の実戦塾に参加するものとする。
　　　例２　この通達は、平成30年２月１日から施行する。
　ウ　特定の用語の後では、付するのが一般的です。
　　　例１　ただし、
　　　例２　なお、
　　　例３　この場合において、
　エ　名詞等を列挙するときは、それぞれの区切りに付します。
　　　例１　話し方、書き方、報告の方法、相談の方法等……（A、B、C、D等）
　　　例２　話し、書き、報告をし、相談をし又は架電する（A、B、C、D又はE）
　　このとき、「A、B、C、D及びE」でも「A、B、C、DかつE」でも文法は変わりませんが、「又は」「及び」「かつ」の後にポツを付してはいけません。すなわち、例えば「A又は、B」「Aかつ、B」は人工言語の文法では誤りです。他方で、やや上級編ですが、「A、又はB」「A、かつB」は許されます。この使い分けは、AとBとの長さ等によります（慣れの問題）。さらにいえば、「A、かつ、B」も長さ等によっては許されます（慣れの問題）。

(3) 「・」(ナカポツ、なかてん)
　ア　日常の日本語どおり、ドナルド・トランプといった外国の人名、サン・サルバドルといった外国の地名、フィナンシャル・タイムズといった外国の事物を表記するときに付します。これは難しくありません。
　イ　人工言語としては、「及び」(and) の簡略形として用いられることが

多いです。「及び」を使うと重くなり、あるいは堅くなり過ぎるとき、とても便利です。

　　　例１　警視庁・道府県警察にあっては……
　　　例２　若手警察官の話し方・書き方能力の向上のため……

(4)　「」（カギ／トジカギ、かぎ括弧）
　ア　日常の日本語どおり、引用をするときに、引用文の前後に用います。
　イ　人工言語として特殊なのは、「」の文の中でまた「」を用いるとき、日常の日本語では例えば『』を用いるのが主流ですが（「僕はしっかり覚えているが、君は確かに『このお金は１月までに返す』って言ったじゃないか」）、公用文では『』は用いません。このようなときでも、シンプルに「」を用いるだけです。文法です。

　　　例　出席者からは、「犯罪被害者支援の一層の充実を図るため、もう一度「犯罪被害者支援基本計画」の趣旨を全職員に徹底すべきだ」との意見が出た。

　ウ　公用文で「」がよく用いられるのは、１の文章の中に繰り返し長い単語が出てくる場合において、それを言い換えてしまうパターンです。例えば、１の通達の中に、「法第35条第１項に規定する警察本部長」という主語がやたら出てくると読みづらく重くなります（それが例えば「第１の１(1)に規定する若手警察官」でも一緒です）。そこで、この重さを避けるため、この主語が出てくる最初の機会をとらえて、例のように言い換えを行います。

　　　例　この場合において、法第35条第１項に規定する警察本部長（以下「警察本部長」という。）は、次の措置をとることができる。

　マルのところで指摘したように、括弧内にマルが付されていることにも留意してください。

(5)　その他の区切り符号
　４桁数字のところで指摘したカンマ（,）、小数のところで指摘したピリオド（.）以外のものは、公用文作成においてほとんど用いません。あえ

て言えば、コロン（：）は全角で使い出があります。例えば文末に、次のように、気軽に用いられます。

　　　例　本件担当：山田警部補（４３２１）

あるいは、議事録を作成するとき、全角コロンを次のように用いると便利です。

　　　例　署　　長：そうはいっても、若い奴は使い物にならん。
　　　　　副署長：全くです。いっそのこと、全員懲戒処分にすべきです。
　　　　　地課長：そうすると、署長に交番へ出てもらわなければなりません。
　　　　　署　　長：望むところだ。

7　公用文特有の文法（代表的なもの）

(1)　概　説

公用文の文法は、そのほぼ全てを、法令用語・法令文法から引いています。簡単に言い換えると、おそらくお手元にあるであろう『警察官実務六法』『執務必携』『警務要鑑』等々に多数掲載されている法令（風営法、道交法、遺失物法……）が採用しているグラマーが、ほぼそのまま、公用文のグラマーになるわけです。

なぜそうなのか、は必ずしも明確ではありません。

しかし、メリットは明確です。

公用文の文法を、法令の文法と一致させることで、公用文は、法令が持つ（表現上の・言語上の）メリットを獲得できます。その最大のメリットは、「正確さ」です。もっといえば、意味の解釈のレベルでは別論、文章の解釈（文章のつくりの解釈）の誤解をゼロ近似にできます。さらに言い換えれば、一つ一つの用語の意味までは解釈できないかもしれないけれど、「誰がどう読んでも同じ文章にする」ことができるようになります。

分かりやすさのため、例を挙げましょう。

　　　例文１　太郎や花子を出席させないといけない。

この文章は、曖昧です。法令が、だから公用文が絶対に許さないレベル

で曖昧です。なぜならば、「や」の意味するところが、読む人によって異なるからです。それは読む人によっては「and」かもしれません。「or」かもしれません。いいえ、ひょっとしたら太郎も花子も例示に過ぎないのかもしれませんし、だから太郎も花子も誘わなくてもよい場合があるのかもしれません。すなわち、これは「誰がどう読んでも同じ文章」ではありません。

　日常の日本語ならば、これは許されます。

　しかし、公務員関係では、これは時に致命的なミスを生みかねません。「出席させないといけない」のですから、これは命令でしょう。しかし、この命令を受けたあなたはどうしますか？　太郎と花子に声を掛けますか？　絶対に2人を誘いますか？　2人とも無理だったら？　他の人間はどうする？　どんな人間を候補にすればよい？　そもそも他の人間で代替できるのか？

　これが、次の例文になると、更に致命的です。

　　　例文2　山田や鈴木、佐藤を逮捕しないといけない。
　　　例文3　山田及び鈴木等を逮捕しないといけない。

　こんな命令を出されては、部下はどうしてよいのか分かりません。「誰がどう読んでも同じ文章」にはならないからです。もちろん話し言葉であれば、幾らでも質問できますし、趣旨を補充してもらえますが、いったん書き言葉となると――「公用文」とは職務上作成する全ての文書でしたね――それが命令等として固定・固着します。例えば20年、30年を生き延びる通達など、めずらしくもありません。すると、「誰がどう読んでも同じ文章」にはならない文が――端的には「訳の分からない文」が、延々生き続けることになる。いえ、たとえ年数の問題をおくとしても、職務上作成する文書が「訳の分からない文」であることそれ自体が問題です。恥ずかしいという問題以前に、紙、データ、手数の無駄です。無駄以上に、適正・的確な職務執行を阻害するおそれすら想定されます。

　そこで、法令用語・法令文法は、人工言語として、「誰がどう読んでも

第2　公用文の書き方（人工言語の文法）

同じ文章になる」ことを目指します。言い換えれば、「全ての者が、起案した者／発出した者が意図したとおりに読める文章」を目指します。その意味で、法令用語・法令文法は、日常的な日本語の観点からすると、とても分かりにくく、むしろ悪文ですらある文を平然と用います。それは、お手元の執務必携等の法令をちょっと読めば分かるとおりです。しかし、それはわざとです。日常的な日本語としての分かりやすさを犠牲にしても、「誰がどう読んでも同じ文章になること」、だからその意味で「誰がどう読んでも正解に行き着くこと」「誰がどう読んでも正確になること」を目指しているのです。

「正確さ」のため、人工言語を作る。

その人工言語は、日常の日本語の文法とは、微妙に違う。

しかし、その人工言語をマスターすることによって、公用文が迅速的確に打てるようになるほか、法令を正確に読むこともできるようになる。

英語でもそうですが、「書ける人間」は必ず「読める人間」です。その意味で、公用文がキチンと書ける人間は、法令をキチンと読むことができる人間です。公用文の文法を押さえておくと、仕事上の「なんとなく」が、「なるほど」に変わります。

だから、若いうちに、公用文の文法を修得しておくことには、大きなメリットがあります。しかも、法令・条例を起案するというなら別論、日常の公用文を作成するのは、文法のクセさえ押さえておけば、全く難しくはありません。

よってこれから、代表的な公用文文法を概観しましょう。

　（なお、厳密に言うと、公用文文法は法令文法を基礎にしていますが、法令文法よりはフランクで「緩い」です。ですので、公用文文法の方が、表現の幅なり選択肢があります。それは、自分で公用文を作成してみると、おのずから分かってきます）

(2)　「及び」「並びに」

公用文のレッスン・ワンとして必ず出てくるのが、この「及び」「並び

に」と、次の「又は」「若しくは」です。まず「及び」「並びに」をマスターしましょう。

　これはいずれも、「and」を意味する接続詞です。

　そして、公用文文法では、and を用いたいときは、原則として「及び」を使います。ですので、例えば裸で「太郎並びに花子は……」という表現があったとしたら、それだけで公用文文法としてはアウト、となります（もちろん合理的な理由があるからです）。

　よってまず、「A and B」を表現したいときは、必ず、

　　　A及びB

になりますし、もしCだのDだのEだのが出てきて、その全てをひっくるめて指したいのだとすれば、ルールとして必ず、

　　　A、B、C、D及びE

という形になります。すなわち、全部を挙げた上でポツで連結し、最後のポツだけを「及び」にするわけです（これは実は、英文法と変わりません）。Fが出てこようがZが出てこようが、全てルールは一緒です。

　しかしそれでは、「並びに」が出てくる余地はありませんね。

　そう、「並びに」は単純に and を用いているかぎり、絶対に出てきません。

　「並びに」が出てくるのは、①必ず「及び」と一緒であり、しかも、②出てくる要素にランク／ステージ／次元の違いがあるときだけです（いわば、レイヤーがある）。

　シンプルな例を挙げます。まず、署長とA巡査とB巡査で飲み会をするときは、単純に「及び」を用いて、

　　　署長、A巡査及びB巡査で、懇親会を行う。

としても正解ですが、メンツ、階級等からして、「署長」と「巡査たち」ではグループの属性が違いますね。こうしたとき、

　　　署長並びにA巡査及びB巡査で、懇親会を行う。

と書き表すと、署長＋（A＋B）という数式がより明確になります。同様の例として、

　　　　国並びに都道府県及び市町村

と書き表すと、国＋（都道府県＋市町村）という数式が明確になる。この公用文の、数式的な合理性を理解しておくと、書くのも読むのも楽になります。

　あとは応用ですが、もし飲み会の構成員が、署長とA巡査からE巡査までになるときは、「並びに」と「及び」の組合せで、しかもAからEまでをどう結ぶかは既に勉強しましたから、公用文表記にすると

　　　署長並びにA巡査、B巡査、C巡査、D巡査及びE巡査
　　　　←署長＋（A＋B＋C＋D＋E）

となることが分かります。

　ちなみに、ありがちなミスですが、「及び」と「等」は極めて相性が悪いので、

　　　A巡査及びB巡査等

　　　甲及び乙等

という表現があったとしたら、三人称単数のsが欠けているくらいのポカです。これは「等」のところで再論します。

　さらにちなみに、業界人ではありませんが、法令のセンセイになればなるほど、「及び」は「キュウビ」と、「並びに」は「ヘイビニ」と読みます。これは職業病です。

(3)　「又は」「若しくは」

　キュウビとヘイビニ、そしてヌマタハとワカシクワを極めれば、日常の公用文文法は極めた……とまでは言えませんが、かなり自信を持ってよいレベルになります。もちろんここでいうヌマタハとは法令のセンセイがいう「又は」で、ワカシクワとは「若しくは」のことです。

　(2)では、andを勉強しました。

　ここでは、orを勉強します。

　公用文文法で、andを用いたいときは、原則として「及び」を使うのでしたね。これと全く同様に、公用文文法でorを用いたいときは、原則と

して「又は」を用います。and も or も原則はいずれも2字だ、と覚えてください。

ですので、「太郎並びに花子は……」がアウトであるのと全く同様に、もし裸で「太郎若しくは花子は……」という表現があったとしたら、それもまたアウトです。英語で過去分詞のスペルが間違っているのと同じ感覚でアウトです。

よってまず、「A or B」を表現したいときは、必ず、

　　　A又はB

になりますし、もし候補にCだのDだのEだのが出てきて、その全てをひっくるめて書き表したいのであれば、ルールとして必ず、

　　　A、B、C、D又はE

という形になります。数式的な形は、「及び」（and）と全く一緒ですね。再論すれば、候補全部を挙げた上でポツで連結し、最後のポツだけを接続詞にする。この場合は「又は」です（この文法も実は、英文法と一緒です）。そして「及び」同様、以下Fが出てこようがZが出てこようが、全てルールとして一緒の形になります。

なお、「又は」（or）についてとても重要なことですが、これは英文法と一緒で、2つのことを意味します。すなわち、「A又はB」と表現したとき、その意味は、①AかBかのどちらか1つが選ばれるか、②結果的にAとBの2つが選ばれるか、このどちらもアリなのです。一般的には、①の意味で用いられることが大半ですが（それはそうです、or ですから）、②の意味で用いても誤りでないどころか、そうせざるを得ないときがあります。例えば、極めて教室設例的ですが、次の昇任試験では最大2人を合格させるとする。最終の候補に、A巡査とB巡査が残った。このとき「A巡査又はB巡査を、昇任試験で合格させることとしたい。」と上申して決裁をもらったとき、試験官としては、別にどちらか一方を落とす必要はありません。「又は」には②の意味がありますから、結果的に、A巡査とB巡査をともども合格させて問題ないわけです。あるいは、職務質問の場面に

おいて、警職法第 2 条に規定する「不審者」の要件と、同じく「参考人」の要件をともども満たすとき（例えば、犯罪を犯そうとしてもいるし、既に行われた犯罪についても知っていると認められるようなとき）、これは「又は」で連結された 2 要件のいずれをも満たすケースなわけですが、ではそのようなとき、警察官が対象に職務質問できるかどうかというと──それは論じるまでもありませんね。不審者要件又は参考人要件のいずれをも満たすケースでも、当然、職務質問はできます。このように、「A又はB」には、結果としてAもBも両方とも──という意味が含まれることがありますので、中級編ですが、知っておいて損はありません（この意味で、「又は」には、「及び」の性質が含まれている場合があるとも言えます）。

　いずれにしろ、選択の or を使いたいときは、約束事として「又は」のみを用いる。それだけ。

　ここで、勘の良い方はピンと来たかもしれませんが……

　では「若しくは」はどう使うのか？

　これもまた、「並びに」とほとんど一緒の考え方をします。

　前述のとおり、単純な or を「若しくは」で表現することはあり得ません。

　「若しくは」が出てくるときは、①必ず「又は」とセットであり、しかも、②出てくる候補にランク／ステージ／次元の違いがあるときだけです（レイヤーの存在）。

　これも、例を挙げると分かりやすくなるでしょう。まず、署長、A巡査、B巡査のいずれかが、本部長に怒られなければならない。これを公用文文法では

　　　署長、A巡査又はB巡査は、警察本部長に叱責されるものとする。

と書きますが、もしこの 3 者が並列ではなく、

　　　署長 or（A巡査 or B巡査）

と数式的にとらえられるときはどうでしょうか（トーナメント的）。とりわけ、現場から 1 人、管理職から 1 人、最終的にはそのいずれか──とい

うセレクションを考えたとき、これを公用文文法で

　　　　署長又はA巡査若しくはB巡査

と書き表します。小さい方のorが「若しくは」、大きい方のorが「又は」です。「並びに」「及び」と大小関係が異なっていますので、注意してください。

　イメージを補強するため、幾つか例を挙げておきます。

　　　　国又は都道府県若しくは市町村

　　　　　　←国or（都道府県or市町村）

　　　　警察庁又は関東管区警察局若しくは中部管区警察局

　　　　　　←警察庁or（関東管区or中部管区）

　あとは応用で、もし飲み会の形式が、署長と、A巡査ないしE巡査の5巡査のうち誰か1人（サシ）となると、数式的には

　　　　署長＋（A巡査orB巡査orC巡査orD巡査orE巡査）

となりますから、①「署長と誰か」はandなので原則どおり「及び」を使い、②orのレイヤーは存在しないのでこれも原則どおり「又は」を使うこととなり、結局

　　　　署長及びA巡査、B巡査、C巡査、D巡査又はE巡査

と書き表すことになります。実は、このようなandとorの組合せの方が、活用頻度は高いです。

　「署長及びA巡査、B巡査、C巡査、D巡査又はE巡査」……この表現を一読しただけでは、「ん？」となるでしょう。しかし公用文の文法を知っていれば、この表現を数式的に理解することができます。そして、文章を数式的に書き表すことには、正確さのほかに、実際的なメリットもあります。「書いている自分がキチンと理解しているか？」がチェックできるからです（書き表したいのは全員なのか？　誰か1人なのか？　そのうち複数なのか？　例外はあるのか？）。このことは、日頃「〜や」「〜と」「〜か」を無意識的に、曖昧に使っていること、そして、それを公用文にそのまま用いてしまってはとても危険なことに、気付かせてくれるでしょう。

最後に、これもありがちなミスですが、「又は」と「等」も極めて相性が悪いので、
　　　Ａ巡査又はＢ巡査等
　　　甲又は乙等
という表現があったとしたら、英文の文頭が小文字であるくらいのポカです。これもやはり、「等」のところで再論します。

(4)　「かつ」
　and の一族です。ただし、公用文文法として、普通の and なら「及び」を使えば終わりのはずです。ですので、厳密な説明が難しいのですが（迷ったら「及び」を使えばいいので）、まず、and で結ばれる用語の意味的な結び付きが強いときによく用いられます。あえていえば、気分的な強さも付加されます。
　　　例１　迅速かつ適切に
　　　例２　直ちにかつ断固として
　　　例３　悪質かつ重大な
　例えば例３だと、「悪質及び重大な」でも問題はないはずですが、「悪質かつ重大な」との語感の違いは明らかですね。
　次に、文章と文章を結ぶ場合であって、やはり、結ばれる文章の意味的な結び付きが強いときによく用いられます。「及び」よりは強く硬質な感じになります。
　　　例１　若手警察官の会話能力を向上させ、かつ、文書作成能力を改善するなどのため……
　　　例２　及びの使用方法を理解し、かつ、又はの円滑な活用に資するため……
　この、文章と文章を結ぶときの「かつ」ですが、これは法令のセンセイがいうところの「ポツカツポツ」、すなわち必ず「、かつ、」という形になります。文法です。ちなみに、例えば「迅速かつ適切に」のように、文章と文章を連結しないときは、特段のルールがありません。「迅速、かつ適

切に」とポツを打っても問題はありません。しかし、上記の「かつ」の語感からして、結ばれる語が短いときにポツを打つのはあまりしっくりきません（このあたりは文法の問題ではなく、統計の問題になると思います）。

⑸　「等」「など」

　and 族と or 族とともに説明されるべき重大項目ながら、あまり理論的に説明されることが少ない語です。

　もちろん英語でいう「and so on」「etc.」の意味で、要は「ほかにもある」「例示だけしている」ということを書き表すための、とても便利な用語です。シンプルな例としては、

　　　　警察署長等が、会議に出席する。

という使い方があります。これによって、読み手には、「ああ、会議に出席するのは警察署長だけじゃないんだな」「少なくとも警察署長は、会議に出席するんだな」という情報が伝わります。

　そして、これの何が便利かというと、実際論として、「濁す」「曖昧にする」「（ひょっとしたら）ごまかす」のに便利なのです。というのも、既に「及び」「又は」のところでみたとおり、公用文文法では、「数が分かっているなら列挙しなければならない」「要素と要素の関係をハッキリさせなければならない」という、極めて数式的な、あるいは英語的な縛りがあるからです。例えば会議の参加者がＡ巡査ないしＺ巡査の26人であるとき、これを厳密に書き表そうとすれば、「Ａ巡査、Ｂ巡査、Ｃ巡査……でＹ巡査まで行ったら、ええと、この場合 and だから、及びで結ぶわけだな」という、「数」「関係」の縛りを常に確認しておかなければ書けない。ただ実際論としては、そんな長い文章は意味がないし、一覧表にすればすむ話だし、そもそも文書作成時点での出席者を確定することができないかもしれない。そんなとき、

　　　　Ａ巡査、Ｂ巡査、Ｃ巡査等が、会議に出席する。

と、要素３つ程度でくくってしまえば、ほとんどの場合、必要にして十分でしょう。しかも、文書としてどこにも誤り・虚偽はない。

そういう意味で、「嘘をつかずに丸くまとめる」デキる子なので、つい多用されてしまう傾向にあるのですが、幾つか注意点があります。

まず公用文文法として、「等」には2つの流派があります。

第1の流派は、動詞であろうと名詞であろうと、全ての語に漢字の「等」を付する流派。この流派に従うと、「地域警察官等」「巡回連絡する等」「赤い等」という表記になる。

もう1つの流派は、名詞には漢字の「等」を付し、それ以外の用言（形容詞、動詞等）にはひらがなの「など」を付する流派です。この流派に従うと、「地域警察官等」「巡回連絡をするなど」「赤いなど」という表記になる。

法令用語だと、例えば「する等」をよく見掛けますが、「など」が皆無というわけではありません。公用文文法だと、「するなど」「赤いなど」（＝用言はなど派）が体感的には多い気がします。

ですので、この点は深く突き詰められないのですが、それでも公約数はあります。

名詞には漢字の「等」を付けるということです。読みは「トウ」で、「など」ではありません。ゆえに、どちらの流派に従っても、「地域警察官など」「警察署長など」という表現は、アウトです。

次に、「等」（あるいは「等」＋「など」）は、そもそも要素を限定しないものですから、要素の限定を前提とする「and族」「or族」と一緒に使ってはいけません。使うと矛盾が生じます。例えば、

　　　鈴木及び佐藤等が、会議に出席する。

　　　田中又は山田等が、会議に出席する。

という、警部クラスでも非常に書きがちなミス。これはダメ、と言い切ってしまえばそれまでですが（文法）、理論的に説明すれば、「及び」も「又は」も、対象・要素がハッキリしているからこそ使える用語のはずです。「A、B、C、D及びE」に、数的な・関係的な妥協は一切ありません。要素は5で、関係は並列です。このガチガチした数式に、ふわっとさせる

「等」が入る余地はありません。それは「A、B、C、D又はE」でも全く同様です（要素は5、関係は選択）。無理矢理入れるとしたら、上の例文のように、「結局、会議に出るのは誰なんだ？」という、意味の定まらない文章になってしまいます。もし上の例文が、「鈴木と佐藤以外にも出席者はある」ということが言いたいのなら、素直に

　　　鈴木、佐藤等が、会議に出席する。

と書けばよく、また「田中か山田か近藤のうち誰かが会議に出席する」ということが言いたいのなら、

　　　田中、山田又は近藤が、会議に出席する。

と書けばよいのです。要素を「鈴木＋佐藤」にしてしまう「及び」、あるいは「田中or山田」にしてしまう「又は」と、ぼかすための「等」を一緒に使うから、「誰がどう読んでも正解に行き着く」公用文にはならないわけです。

　あと「等」の注意点の大きなものとして、やや上級編ですが、「法令上、慣用として定着しているものがある」ことに注意してください。例えば、「交番等」。これは、①交番を例示とし、他にも要素があることを意味する言葉であるか、それとも、②「交番＋駐在所」を意味する言葉であるかのいずれかです。そしてもちろん、後者の②が、法令上、慣用として定着しているわけです。もちろん、①の使い方（普通の使い方）をしてもよいわけですが、②を知らないで使っていると、思わぬ誤解を招くことがあります。しかも②は、もはや「1つの言葉」として成立するほどこなれていますから、例えば

　　　警察署及び交番等

と書いても、まさか誤りではありません。さっきの「鈴木及び佐藤等」とは、全然違うわけです。なぜならば、「交番等＝交番＋駐在所」であり、要素の数も、要素の関係もハッキリしているからです。

　親通達等で、「A及びB等」が平然と用いられているときは、「B等」が慣用として定着しているか、その通達内で「B等」が定義されているかの

いずれかです（さもなくば、純然たるポカとなります）。

最後に、先の「等」「など」の流派のいずれを用いるにしろ、1の文書の中でルールを変えてはいけません。例えば「〜する等」ならそれで統一、「〜するなど」ならそれで統一です。理由はシンプルで、表記が変わると、特別な意味があるのかと誤解されるからです。

(6) 「その他」「その他の」

気分的に、よく使われる用語です。ゆえに、頻繁に誤りが起きる用語でもあります。

しかしこれは、具体例を頭に入れておけば問題ない用語です。

　　例1　山田巡査その他懇親会に出席する者
　　例2　山田巡査その他の懇親会に出席する者

これは、どう違うか？

例1（その他）のケースだと、山田巡査は懇親会に出席するかどうか分かりません。「山田巡査」と「懇親会に出席する者」は、意味的に切り離されています。すなわち、「山田巡査」は「懇親会に出席する者」グループには入っていません。ですので、署長から「山田巡査その他懇親会に出席する者は、警務課に集合するように」との指示があれば（細かい署長ですが）、懇親会がどうあろうと山田巡査は集合確定、それに加えて、懇親会に出席する者が集合することになります。

他方で、例2（その他の）のケースだと、今度は、山田巡査は確実に懇親会に出席する者です。「山田巡査」と「懇親会に出席する者」はイコールで、ですから、「山田巡査」は「懇親会に出席する者」グループの一員です。言い換えれば、「その他」が「その他の」に変わっただけで、山田巡査は独立の地位を失い、グループの例示に過ぎなくなります。ですので、署長から上述の指示があったとすると、山田巡査はその他の面々同様、懇親会に出席する者として、警務課に集合することになります。

……大きな違いがないように思えますか？

しかし、次の例ではどうでしょうか。

　　　　例3　山田刑事その他署長が指定をした警戒員
　　　　例4　山田刑事その他の署長が指定をした警戒員
　この場合、例3だと、山田刑事は署長の指定を受けてもいなければ警戒員でもありません。警戒ミッションとの関係は不明です。「署長が指定をした警戒員」グループとは無関係だからです。ところが例4だと、山田刑事もまた署長の指定を受けた警戒員となり、指定がなくなりさえすれば、その他のみんなと一緒に帰るかもしれません。もっとしみじみする例としては、
　　　　例5　山田巡査その他昇任試験に合格した者
　　　　例6　山田巡査その他の昇任試験に合格した者
　この場合、例5だと、例1同様断言はできませんが、きっと山田巡査は昇任試験に合格していません（一緒に並べられているから、同程度に優秀なのかもしれませんが……）。例6なら、グループの例示ですから合格したことは確実です。「の」の有無で、文の意味するところが大きく異なりますので、無用の紛議（？）を招きかねません。
　もっとも、実際上は、例示をする「その他の」の使用頻度の方がはるかに多いので、次の例文を頭に入れておけば、最初から無理に「その他」を用いなくともよいと考えます。
　　　　例7　猫その他の動物
　　　　例8　警棒その他の装備品

(7)　「場合」「とき」「この場合において」「ただし」
　英語でいうwhenとかifの節で、「もしそのようなときは、云々」「それが実現したときは、云々」という、いわば仮定を置く表現グループです。シンプルには、
　　　　警ら中、拾得物件の提出を受けたときは……
　　　　巡回連絡を拒否された場合において……
　　　　警職法第2条に規定する要件を満たしたときは……
といった例文が考えられます。無数に考えられるでしょう。

このような when、if の公用文表現としては、例文のとおり「〜のときは」「〜したときは」といった「とき」（ひらがな）を用いるケースと、「〜の場合において」「〜した場合においては」といった「場合」を用いるケースがあります。

そして、「とき」と「場合」に、おそらく優劣はありません。聞いたことがありません。したがって、

　　　空腹の場合にあっては、食事をとるものとする。
　　　仮眠するときは、当直長の承認を得なければならない。

のように、どちらを用いても原則、支障はありません。

例外的に、支障があるのは、when なり if なりの仮定・条件が2つ重なるときです。例を挙げます。

　　　仮定1　警ら中、拾得物件の提出を受けたときは
　　　仮定2　警ら中、交番等に帰所することができないときは

これらを1の文として合体させるとき、すなわち二重の仮定として表現するときにのみ、「場合」と「とき」の使い分けが必要になります。では合体させてみましょう。時系列が仮定1→仮定2だとすれば、まず、①警らをしているとき、市民から拾得物の提出を受けたという大前提があり（広い条件）、しかもそのとき、②交番等に帰所することができないという次の前提がある（狭い条件）。こうなると、①の広い条件については必ず「場合」を用い、②の狭い条件については必ず「とき」（ひらがな）を用いて連結することが、文法で決まっています。具体的な連結法を示せば、

　　　仮定1＋2　警ら中、拾得物件の提出を受けた場合において、交番
　　　　　　　　等に帰所することができないときは

となります。よりしみじみした例文を挙げれば、

　　　在所勤務中、トイレを使用しようとした場合において、不意の来訪
　　　者を認めたときは
　　　職務質問に際し、所持品検査を行った場合において、対象者に禁制
　　　品を投棄されたときは

というかたちになります。「場合」「とき」の使い分けが必要なのは、仮定・条件が二重になるときだけです。

　なお、「とき」はひらがなで用いることが99％といってよく、教科書的には漢字の「時」の用例もありますが、それは「時刻」「時間」という用語によって、より正確に代替できるため、漢字の「時」は用いない方がよいでしょう。

　最後に、「場合」については、「この場合において」という特殊な用語があります。これは、メインのルールにサブルールを付加するときに用いられます。すなわち、デタラメな例を書きますと

　　　巡査は、仮眠をしてはならない。この場合において、体調不良等を感じたときは、個別に警察署長の許可を受けるものとする。
　　　巡査は、ぱちんこをしてはならない。この場合において、職務執行のためぱちんこに係る店舗等に立ち入る必要があるときは、事前に地域課長の承認を受けなければならない。

といった感じです。大きなルールがあって、さらに細かい補足を、「この場合において」という用語によって加えるわけです。なお、文法として、「この場合において」の前では改行してはいけません。ルール同士の、意味的なつながりがあるからです。

　この「この場合において」と一緒に論じられる用語に、「ただし」があります。これは意味どおり「but」ですが、「この場合において」と異なるのは、メインのルールと異なるルール・例外となるルールを付加するときに使うということです。前のデタラメな例を少し改変しますと、

　　　巡査は、仮眠をしてはならない。ただし、昇任試験に合格したときは、この限りでない。
　　　巡査は、ぱちんこをしてはならない。ただし、確実に勝てるときは、この限りでない。

といった感じです。メインのルールがあって、それでも除外・例外となるルールを、「ただし」という用語によって加えるわけです（ゆえに、「ただ

し」の結びは、その多くが「この限りでない。」となります)。そして、やはり文法として、「ただし」の前では改行をしてはいけません。理由も同様で、ルール同士の、意味的なつながりがあるからです。

　ここで、「なお」は必ず改行することを、思い出しておいてください。

　「なお」では、意味的なつながりがバッサリ断たれるからです。

(8)　「者」「物」「もの」

　意識的に使い分けをしないと、知らない間にデタラメな文書ができあがってしまう、意外に恐い用語です。

　まず「者」ですが、これは「シャ」と読む癖をつけましょう。そしてシャは、自然人であろうと法人であろうと、法律上の人格を有する者のことのみを指します。常識的には、ヒトと会社等でしょう。ちなみに「者」は、日本語らしく、単数形でもあり複数形でもあります。

　次に「物」ですが、これも「ブツ」と読む癖をつけましょう。そしてブツは、有体物です。空間の一部を占める、固体・液体・気体は全て物です。常識的には、拾得者が提出してくるものは全て物でしょう。単数形・複数形については、「者」と一緒で、区別がありません。

　そして「もの」(ひらがな)ですが、これは「者」及び「物」以外の全てのモノです。身近な存在だと、法人格のないＮＰＯは「もの」です。もっと常識的なイメージでは、「考え」「方針」「命令」「情報」といった抽象的な存在は全て「もの」となります。

　概念そのものは難しくないので、最後に大事な構文を１つ。

　「もの」の特殊な用例です。

　例えば、「昇任試験のＳＡに合格したけれど、論述には落ちてしまった人」「昇任試験に合格したけれど、不倫のために取り消された人」といったように、条件というか状況が重なるとき。これは、文法どおりにいけば

　　　　昇任試験のＳＡに合格した者であって、論述に合格しなかった者
　　　　昇任試験に合格した者であって、不倫により合格を取り消された者

等々となるはずですが、こうした「者」の重なり、シャシャ重ねが生じる

ときは、狭い方の（後ろの方の）「者」を、あえてひらがなの「もの」にするルールがあります。よって、例文を正しく書き換えれば、

　　昇任試験のＳＡに合格した<u>者</u>であって、論述に合格しなかった<u>もの</u>
　　昇任試験に合格した<u>者</u>であって、不倫により合格を取り消された<u>もの</u>

となります。ちなみにこれは、者ほどは見掛けませんが、ブツブツ重ねが生じたときも、一緒の処理をします（重なった後ろの「物」だけを「もの」に置き換えます）。

(9) 「に係る」「に関する」

カカル、が自然に使えるようになると（あるいはあと「当該」）、いよいよ中級者だなあと感じられるほど、奥が深い用語です。

日常の日本語で「〜に関する」という表現をする場合、公用文では、それをよく「〜に係る」と表現します。例えば、次のような使い方をよく見掛けます。

　　例1　被疑者取調べ<u>に係る</u>注意事項
　　例2　受傷事故防止<u>に係る</u>具体的方策
　　例3　山田巡査の特異動向<u>に係る</u>身上報告書

いずれも、「被疑者取調べに関する注意事項」「受傷事故防止に関する具体的方策」「山田巡査の特異動向に関する身上報告書」と書いても、日本語としては何ら問題ありません。しかし公用文文法では、「に係る」「に関する」の使い分けが定まっています。すなわち、

　　例4　Aに関する考え方
　　例5　Aに係る考え方

と例を挙げたとき、よりAと直接的につながっているのは、例5です。言い換えれば、「Aに係る考え方」と表現したとき、そこで書かれたり話されたりするのは、ほとんどAに直接関係する事項でしょう。それが、「Aに関する考え方」となると、もう少しマージンが広がる。やや、ふわっとした感じになります。

するとここで、「それでは「Aについての考え方」はどう位置付けられるのか？」という疑問が生まれますが、明確な答えはありません。印象論としては、「Aに係る考え方」よりもっと直接的になり、ハンドルの遊びがいちばん少なくなるのではないかと思っていますが、これを説明した文献等を見たことがありません。

なお、「に係る」には、上に述べた用法とはまた違った用法があり、例えば次のような例をよく見掛けます。

　　　例6　貴職提出に係る意見について……

　　　例7　同一の機会に係る物件の提出にあっては……

　　　例8　当該処分に係る行政庁の不作為が……

これは英語でいう関係代名詞（あなたが提出したところの意見、同じ機会になされたところの物件の提出、その処分をしたところの行政庁の不作為）的な用法で、慣れるととても便利なのですが、中級編なので、紹介にとどめます。

最後に、「に係る」を「に関わる」と誤解している警察官を時折見掛けますが、全く意味が異なってきますので、注意してください。

(10)　「以上／以下」「超える／未満」「以前／以後」「前／後」

これらは、公用文文法というより、日常の日本語の文法に関することです。公用文も、これらについては同じルールを採用しています。

どの組合せも、数量・時間の比較をするときに用いますが、大事なのは「以」の漢字が付いているかどうかです。というのも、「以」の漢字は「基準となるポイントを含みます」ということを意味するからです。これがないと、基準となるポイントは含まれません。

すなわち、極端な例を挙げると、

　　　例1　雑踏が1,000人以下であるときは、特段の措置を要しない。

　　　例2　雑踏が1,000人未満であるときは、特段の措置を要しない。

という命令があったとき、実際の人出が1,000人ジャストだったとすると（極端な例を挙げています）、例1の場合は命令どおりに特段の措置が「不

要」なのに対し（「以」の漢字があるので、基準となる1,000が含まれる）、例2の場合はそれが「必要」になります（「以」の漢字がないので、基準となる1,000は含まれず、命令の後段は適用されない）。

⑾　「当該」

　トウガイ、と読み、アクセントは「ト」に付きます（鷗外、郊外と一緒のアクセント）。

　意味としてはシンプルに「その」「当の」「問題となっている」「既に示した」といったことを表します。

　「当該指定された巡査」「当該会議は本日開催される」「当該者にあっては、逃走中である」「当該物件を発見した」等々、幾らでも例は挙げられますが、いずれも「その指定された巡査」「その会議は」「その者にあっては」「その物件を」と言い換えられます。すなわち「当該」は、「に係る」同様、極めて公用文的な言い回しです。

　もちろん、ただ気取っているわけではありません。「その」「それらの」といった言葉が多用されると、文が錯綜し、それが何を指しているのか不明確になるので（「どの？」「どれらですか？」）、当該を用いることには、実際的な意義もあります。

　この「当該」は例えば「に係る」より簡便なので、すぐにでも使える用語ですが、注意点があります。

　これは、「その」「問題となっている」「既に示した」という意味を示す用語ですから、いきなり裸で使われることはありません。もう少し説明しますと、まず「A」という用語が文書で示され、それをまた引くときに初めて「当該A」と当該を用いることができるわけです。それはそうです。例えば、文書に「駐在所」のことが全く出てきていないのに、いきなり「その駐在所にあっては……」などという表現はできないでしょう。しかしながら、実際の文書を読んでいると、いきなり裸で「当該駐在所にあっては……」なる用い方がされ、「おいどこに駐在所の話があったんだ？」とビックリすることがあります。

第2　公用文の書き方（人工言語の文法）　　101

　最後に、「当該官吏」「当該職員」という用語だけは、いきなり裸で出現することがありますが、中級編ですし、ほとんど自分で用いることはないので、気にしなくてもよいでしょう。

(12)　「から」「より」

　fromをどう表現するかの問題です。

　そして公用文文法では、「から」しか用いないと覚えてしまって大丈夫です。

　　　例1　東京から大阪まで出張する。
　　　例2　午前10時00分から午後2時00分までの間
　　　例3　来月15日から実施する。

　これらのfromを、「より」で表現してはいけません。「から〜まで」の組合せで覚えてしまいましょう。

　ちなみに、「より」が許されるのは、①比較の場合です。すなわち、「あの警察署より実績が優秀だ」「あの交番より遠い」という比較をする場合で、これは日常の日本語どおりです。

　他方、②発言者等を示す場合にあっては、「から」で代替してしまった方が無難ですから（「警察本部長から示達があった」「署長から感謝の言葉があった」という主体を示す場合）、結局、「公用文におけるfromは「から」」としてしまって問題ないでしょう。

(13)　「証明」「疎明」

　疎明資料、という用語がポピュラーなので、警察部内では、立証するとか証明するとかいった言葉を「疎明する」という言葉でひとくくりにする傾向があります。そしてそれは、警察口語としては定着しているので、あまり目くじらを立てることでもないと思います。

　しかし、元々の意味をたどると、「証明する」はいわゆるガチで立証すること——確信を抱かせる程度の確実な証拠によって立証することを指します。また「疎明する」はザクッと立証すること——確信を抱かせるまでには至らないが一応確からしいという推測を得させる程度の証拠によって

立証することを指します。

すなわち、「証明」の方が厳格な立証で、「疎明」の方が緩やかな立証といえます。

ただ、この違いを踏まえた上で、警察口語として、立証することを「疎明する」と表現するのは、アリだと考えます。あとは、それを用いる公文書の性質と、決裁者の判断によるでしょう。

⒁　「推定する」「みなす」

法令用語です。

「推定する」は、当事者間にルールがないか、当事者に証拠がないなどのとき、法令が「なら一応、これこれこういうことと判断しますね」と、自分でルールを決めてしまうこと。これが「推定」で、裏からいえば推定にすぎないので、当事者がルールなり証拠なりを挙げてくれば、それが優先され、推定された判断は引っ繰り返ります。

他方で、「みなす」は、当事者間のルールがどうあろうと、証拠がどうあろうと、あるいは事実がどうあろうと、法令が「そのことについては、一方的にこちらでこう判断しました」と決めつけてしまうことです。ゆえに、いったん法令に「みなされて」しまうと、みなされた判断は引っ繰り返りません。

公用文文法としては、仕組みとニュアンスが分かっていればよいかと思います。

⒂　「直ちに」「速やかに」「遅滞なく」

法令用語です。

3つとも全て「急いで!!」という意味ですが、急がせ方が違います。厳しい順に、直ちに＞速やかに＞遅滞なく、です。

「直ちに」では、一切の遅れは許されません。まさに、直ちにです。他方で、「速やかに」「遅滞なく」だと、正当な又は合理的な理由による遅れは、許されます。

通達等でもよく用いられる用語なので、緩急の違いによって使い分ける

ことを覚えておきましょう。

(16) 「しなければならない」「するものとする」「努めなければならない（努めるものとする）」

　法令用語です。

　3つとも、何らかの義務を課する用例ですが、これも義務の課し方の強さが違います。法令用語としては、より難しい議論が必要ですが、公用文文法としては、厳しい順に、しなければならない＞するものとする＞努めなければならない、と割り切ってしまってよいでしょう。

　「しなければならない」は、明確な義務付けです。「するものとする」は、義務付けではありますが、一般的な「原則」「方針」を示したり、「義務付けられる側の自主性・裁量」を尊重するニュアンスがあります。「努めなければならない」は、いわゆる努力義務です。努力義務も義務付けで、規範（ルール）ですが、義務の実現は相手方の「努力」に委ねているわけです。

(17) **用字用語表記法**

　公用文文法、最後の項目です。

　用字用語表記法とは、シンプルに言えば、「公用文ではどの漢字を用いるか」「公用文では送り仮名をどうするか」「公用文では、どの部分をひらがなにするか」等の統一ルールです。なぜそのようなものが必要なのか？

　それも、正確さのためです。誰がどう読んでも同じ文章にするためです。

　簡単な例を挙げると、ものすごく身近なところでは、

　　　取調べ

　　　取調べ室

　　　取り調べる

が、公用文文法では「正しい」表記となります。「取調」「取り調べ」「取調室」「取調べる」は、ゆえに全て「誤り」となります。このように、統一ルールを定め、「正しい／誤り」を明確にしておくことで、甲県のA警部補が意味する取調べ室も、乙県のB巡査部長が意味する取調べ室も、同

一のものと考えることができます。さかしまに、丙署では「取調室」を用い、丁署では「取り調べ室」を用いるとなると、それが果たして同一のものなのか、ひょっとして特異な意味を与えているのではないか……等々の疑問が生じ、すなわち、誰がどう読んでも同じ文章にはなりません。それは、事務処理の円滑を損なうことになります。

　また、公用文においてどの漢字が使用できるのか、どのように送り仮名を付けるのか、どれをひらがなにしてどれを漢字にするのか等は、政府が、内閣訓令、内閣法制局通知等によって、明確に定めています。いわば、行政の全てを通じた「共通語」を設定することにより、正確性の確保による事務処理の円滑と、できるかぎりの分かりやすさを実現しようとしています。警察も行政ですから、こうした共通語のルールには従う必要があります。

　そこで、公用文を書くに当たっては、正しい「用字用語表記法」を用いる必要があるのですが、これはまさか暗記できるものではありません。また、平成22年には、それまでの常識をくつがえす大きな変更もなされているところです。

　したがって、正しい、最新の「用字用語表記法」を用いるためには、『警察関係公用文用字用語表記法』といった資料に当たりながら確認することが、必要不可欠になります。これは、2年目の巡査であろうと、30年目の警部であろうと一緒です。

　しかしながら、このテキストは、公用文を含む文章の書き方の基礎を扱うものですから、2年目の巡査等を標準にして、「取りあえず必要な」用字用語表記法を、付録として収録しました（p.119～）。例えば「覚醒剤」は正しいのか？　「けん銃」は正しいのか？　「取組み」は正しいのか？

　公用文をマジメに書くようになると、用字用語表記法が手放せなくなるはずです。一言一句が、「初めて書く」ものだからです。付録が適切なアシストとなることを祈ります。

第3 文章のチェックポイント7箇条

　公用文はもとより、警察官が「文章」を書くとき一般を念頭に置き、ありがちな傾向・クセ等を踏まえて、「もう一度読み返して確認したい」チェックポイントを7つ、掲げます。

チェックポイント1　1文は長くなりすぎていないか？

　公用文はもちろんのこと、警察官が作成する文章は、正確でなければなりません。そして、文章を正確にしようとすればするほど、1文の長さは長くなります。それは、法令の条文を読めば明らかです（あれは、正確さを最優先しているため、可読性を犠牲にしています）。

　しかし、法令の条文にも極めて短いものがあるように、正確だから必ず長くなるというものでもありません。要は、「必要にして十分」であればよく、ゆえに、それぞれの文には、それぞれの情報量に応じた「最適の長さ」があります。AにもBにもCにもDにもEにも触れなければならない文であれば、必然的に、何行にもわたることになるでしょう。重ねて、それは仕方ありません。ですが、「必要にして十分」かどうか、もっと言えば、「必要以上に1文が長くなってはいないか？」を、常にチェックする必要があります。

　1文は、短ければ短いほどよいです。短い文を重ねていくのが、読みやすさの観点からは重要です。しかし上のとおり、警察官が作成する文章は、たいてい、それなりの情報量を含むもので、だからどうしても1文が長くなりがちなものです。そうなると、文章をチェックするとき必要な観点は、「削れる箇所はないか？」「もっと刈り込むことはできないか？」「短く言い換えることはできないか？」「必要な情報以上に、無駄な情報を盛り込んではいないか？」というものになります。実際、再チェックしてみると、5行あった文が2行未満ですんだ、ということもめずらしくはありません。

　繰り返しますが、1文は、短ければ短いほどよいです。

チェックポイント２　主語と述語は対応しているか？

チェックポイント１と、密接に関連します。

すなわち、警察官が作成する１文は、長くなりがちです。すると、書いている本人が、意識するとしないとにかかわらず、途中で「何を書いているのか分からなく」なります。これは、根拠となる法令、用字用語表記法等を頻繁に確認したりしていると、よく起こる現象です。

すると、かなりの頻度で発生するのが、「主語がない１文ができてしまう」「主語と述語が対応していない１文ができてしまう」というミスです（さすがに、述語がない１文というのはあまり見掛けませんが）。

ここで確認しておくと、主語というのは「私は」「あなたは」「彼は」「私たちは」「あなたたちは」「彼らは」「それは」「法令は」「警察は」「警察官は」……といった、その１文における主体です（英語の構文でいう、Ｓ）。述語というのは、主語に対応する動詞、形容詞等で、「書いた」「話す」「赤い」「のようである」「しなければならない」といった、主体の動き等を述べる語です（英語の構文でいう、Ｖ等）。

この、主語と述語の対応にちょっと配意するだけで、見違えるようにしっかりした文章を作成することができます。というのも、警察官の書く文章によく見られるミスのうち、この主述の対応ミスが、かなりの割合を占めるからです。

では、具体的に、この主語と述語の対応は、どうすればチェックできるのでしょうか？

有名な１文を例示して、考えてみましょう。

>　警察官は、異常な挙動その他周囲の事情から合理的に判断して何らかの犯罪を犯し、若しくは犯そうとしていると疑うに足りる相当な理由のある者又は既に行われた犯罪について、若しくは犯罪が行われようとしていることについて知つていると認められる者を停止させて質問することができる。

この（とりわけ長い）１文の主語は何でしょうか？

冒頭の「警察官は」ですね（Ｓ）。

述語は何でしょうか？　警察官の動き等を述べている部分はどこでしょう？　最後の「停止させて」「質問することができる」ですね（Ｖ）。

警察官は→停止させて。自然です。おかしくありません。

警察官は→質問することができる。これも自然です。おかしくありません。

このように、主語と述語だけ、あるいはＳとＶだけを取り出して、自然な日本語、自然な短文になるかどうかをチェックする。それだけです。

もう１つ、有名な１文でチェックしてみましょう。

> 警察官は、犯人の逮捕若しくは逃走の防止、自己若しくは他人に対する防護又は公務執行に対する抵抗の抑止のため必要であると認める相当な理由のある場合においては、その事態に応じ合理的に必要と判断される限度において、武器を使用することができる。

この（同じく長い）１文の主語は──警察官は、です（Ｓ）。

この１文の述語は──使用することができる、です（Ｖ）。

警察官は→使用することができる。自然です。おかしくありません。

このように、自分の書いた文について、主語と述語、ＳとＶを抜き出して、自然な短文が作れるかどうかを確認してみてください。すると「意味が通る」「正確な」文章が書けるようになります。というのも、結局、文の主役、文を決定付けるものは、主語と述語だからです。それが変調していると、明らかな違和感につながります。

✎ チェックポイント３　文体は統一できているか？

警察官が作成する文章の多くは常体（だ、である体）で書かれると思いますが、状況によっては、敬体（です、ます体）を用いることもあるでしょう。そして、これもチェックポイント１と関連しますが、１文が長くなればなるほど書き手は混乱します。すると、常体で統一していたはずの文章に敬体が混じったり、敬体で統一していたはずの文章に常体が混じったりします。これは、主述の対応よりはるかに摘発しやすいミスですので、絶無を期しましょう。

チェックポイント4　地の文と引用を区別しているか？

　地の文というのは、あなたが書いている文章で、引用というのは、出典から引いてきた文章です。警察官は、判例を引用したり、法令を引用したり、他の報告書等を引用したりすることが多いので、「地の文と引用」の違いは、直感的に理解していただけると思います。

　そして、引用をするときに大切なのは、「どこからどこまでが引用で、どこからどこまでが地の文なのか」をハッキリ区別することです。一般的には、引用部分を「」でくくるのがシンプルかつ便利ですが、字サゲを用いたり、空行で挟んだりする方法もあります。

　地の文と引用がハッキリ区別できないと、せっかく引用した資料等が、読み手にとって「意味不明」「使えない」「参考にできない」ものになりかねません。あるいは、読み手に派手に誤解されるおそれもあります。

　イメージとしては、引用した文章のフォントは色が違う、とでも考えればどうでしょうか。ワープロでフォントの色を変えろと言われれば即座に変えられる。そんな感じで、自分の文章と分離しておきましょう（逆に、自分自身ですらすぐに色が変えられないとなると、地の文と引用が渾然一体となってしまっている、と言えます）。

チェックポイント5　事実とそれ以外を区別しているか？

　断言できることは断言する。断言できないことは、それが推測であるのか、伝聞であるのか、可能性であるのか、他者の判断であるのか……いろいろなパターンがあると思いますが、断言できる「事実」と、自分自身では断言できない「それ以外」も、明確に分けるべきです。

　しかしながら、これは物理的に分ける場合もあるでしょうし、語尾をハッキリさせるなどして分ける場合もあると思います。後者の場合は、「～と推測される」「～との情報を（誰々から）得た」「～である可能性が高いと認められる」「～との判断を示されたところである」等々、それが自分の断言できる事実でないことを、ハッキリした言葉によって書いておきます。

これもイメージとしては、断言できる事実と、それ以外のことを、簡単に蛍光ペンで塗り分けられるかどうか——そんな感じでチェックしてみてはどうでしょうか。塗り分けができない文があるとすれば、それは自分自身が「事実なのか、そうでないのか」分かっていないまま（明らかにできていないまま）書いている証拠になります。
　なお、警察官が作成する文章は、職務上必要があって作成しているのでしょうから、大事なことは、必要な情報が記載されていることです。それゆえ、「事実」と「それ以外」で、事実の方が価値がある、ということは全くありません。「事実」だけを書け、ということでもありません。推測、伝聞、可能性、他者の判断等が、事実以上の価値を有することは自然にあります。そこは誤解しないでください。
　ここのチェックポイントの趣旨は、「事実以外のものの価値を損なわないためにも、事実とそれ以外は、キチンと書き分けるべきだ」ということです。

チェックポイント6　打ち出して、2度読み返しているか？

　現時点、警察官が文書を作成するときは、主にパソコンのワープロソフトを使用していると思います。
　作成した文書は（メール等は別論）、必ず印字して、打ち出して確認しましょう。画面での文字の見え方と、紙媒体での文字の見え方は、想像している以上に異なります。そして、紙媒体を確認した方が、圧倒的に、ミスを摘発しやすいと言えます。機械的な処理の誤り（禁則処理のミス、ズレ、頁の誤り等）はもとより、誤字脱字の類い（とりわけ今現在では、誤変換）も、紙媒体を目でチェックすることで更に防止できます。
　また、紙媒体で文書を確認するときは、最低でも2度は、全体を読み返してください。文章を推敲するという意味もありますが、必ずあるであろうミスを摘発するためです。実は2度でも足りません。人間は、自分のミスにはなかなか気付けないものです。もちろん、上司のチェックを受けることになるでしょうが、それ以前に、同僚等に読んでもらうのもよいでしょう。それが無理なら、

なるべく時間を置いて読み返してみるのもよいでしょう。

どれだけ目を皿にして確認しても、「ミスは起こる」ものです。

結果的に見逃してしまったものは仕方ありませんが、文書の作成者として、責任を持って、「ミスは起こるものだが、やれるだけのチェックはやった」と言えるようにしてください。ちなみに中央省庁だと、法令に誤字脱字が1つでも発見されれば、懲戒処分です。そのため血眼になって、「やれるだけのチェック」をやります。

チェックポイント7　必要な情報が欠けていることはないか？

自分のミスにはなかなか気付けません。まして、「自分が書けていないこと」「自分が思い付けていないこと」には、もっと気付けません。その意味でも、上述のチェックポイント6は励行すべきです。

そして、文書の読み返しをする際、「必要な情報が欠けているかどうか」を判断するには、先に述べた「六何の原則」を活用するのが便利です。再論すれば、

- いつ（When）
- どこで（Where）
- 誰が（Who）
- 何を（What）
- なぜ（Why）
- どのように（How）

の6要素（6つの「何」）あるいはこれらを満たしていることを「六何の原則」といいますが、これは、事実を描写するとき、物語を描写するとき等に必要となるコア6つ・エッセンス6つといえます。和製英語で、5W1H（ごダブリューいちエイチ）とも言います。

これを裏からいえば、もし作成している文書が何かを物語ろうとしているとき（例えば職務質問の経過であったり、注意報告すべき巡回連絡の結果であったり）、この5W1Hのどれかが欠けていれば、それは「必要な情報が欠けて

いる文書である可能性が高い」ことになります。
　また、一見５Ｗ１Ｈを満たしているようでも、それぞれの内容が実は
　　　・記載していない関係者がまだいる（Who の不足）
　　　・関係箇所の全てを記載し忘れた（Where の不足）
　　　・想定される原因の全てを検討していない（Why の不足）
　　　・被害物品の記載に重大な誤りがある（What の不足）
　　　・発生時刻を厳密に記載していない（When の不足）
　　　・受傷事故防止手段の想定が安易である（How の不足）
といったように、「内容的に足りていない」ことも考えられます。
　このように、必要な情報が欠けているかどうかは、六何の原則を用いることで、セルフチェックできます。
　なお、警察官が作成する文章にオチがあるのは当然ですので、
　　　・どうした（Result）
については触れていませんが、「結果」はもちろん必要な情報です。５Ｗ１Ｈに、「結果」を加えて、５Ｗ１Ｈ１Ｒと呼ばれることもあります。オチのない話になっていないかどうかも、チェックしましょう。

第４　メモの取り方

1　メモの重要性──職務執行等に直結していること

　警察官が文章を書くとき、それは自分の言葉を用いて自分の構成で書くこともあるでしょうし、そうでないこともあります。例えば、注意報告書であれ、捜査報告書であれ、ある程度のひな形はありますが、内容は千差万別で、コンテンツとしてどう作成していくかは、起案者のあなたに懸かっています。拾得物件預り書、被害届といった、様式がハッキリしているものについても、あなたの裁量は低くなりますが、項目なり欄なりを、自分の判断と文章とで埋めていかなければなりません。
　しかし、そうでない文書もあります。

例えば、会議の議事録。例えば、上司の訓示案。例えば、指示事項を共有するため印字するもの。より一般化すれば、そのような「伝聞の内容を正確に文字にする」文書は、あなたの言葉、あなたの構成で書くものではありません。基本、「聞いたまま」を文字起こしするものです。
　そこで重要なのは、まずは正確なICレコーダになることです。会議で話されたこと、上司に示されたこと、指示を受けたことを、正確に記憶することです。
　次に重要なのは、その記憶を正確に再現し、文章のかたちにすることです。
　もちろん、人間の記憶には限界がありますから、このような文書を作成するときは、外部記録媒体を用いなければなりません。ホンモノのICレコーダの使用が可能であるときはそれがベストですが、職務の性質上、あるいは、現場における急ぎの対応が必要であることなどにより、そのような記録媒体が使えない場合があります。というか、それがほとんどでしょう。
　そこで、昔ながらの方式──「聞きながらメモを取る」ことにより、メモ用紙という外部記録媒体を作成し、いざ必要な文書を作成するときの、記憶の補助にする必要があります。これは、ベストである「完全録音」の代わりですから、できるだけそれに近付けなければ意味がありません。ところが、人間は機械ではありませんので、そもそも筆記する速度が会話する速度に追い着きませんし、一言一句正確に記載することも、なかなか困難です。
　しかしながら、例えば上司に「今の会議の議事録、明日までに作成しておいてくれ」と下命されたとき、何の外部記録媒体もないのでは、そもそも書くべき素材がありません。怒られて済めばまだよいですが、より実際的には、その会議の内容が組織として共有できず、うやむやのまま忘れ去られてしまったり、警察としてとるべき措置がとられなかったりします。あなたが書くべき素材を用意し忘れたことが、職務・公務に大きく影響してしまうのです。
　あるいは、街頭において、急訴の訴出を受けたとき。事案の概要を、メモという外部記録媒体に落としておかなければ、無線報告もできません。警らにおいて、被害者からの被害申告を受けたとき、あるいは、荒れた現場にお

いて、関係者を分離しながら事情聴取を行うときも同様です。はたまた、緊急配備が発令された場合において、被疑者の人着・逃走手段等を記憶するときもそうでしょう。いずれの場面においても、やはり、外部記録媒体が必要です。それは、多くの場合、手書きのメモとなるでしょう。そして、それを適切に用意することができなければ、これまた、怒られて済めばまだよく、それどころか迅速的確な初動措置等に支障が出、したがって、警察がその責務を果たすことに支障が出るおそれがあります。

ここに、「メモを取ることの重要性」と、「適切にメモを取る方法の重要性」があります。

2 具体的なメモの取り方

では、どうやったら「適切に」メモを取ることができるか、いくつかのチェックポイントを掲げながら概観しましょう。

(1) 逐語的(ちくごてき)に取る

ICレコーダのように、「聞いたままを」「正確に」、すなわち話された文章の語を逐(お)って取ります。機械は自分の言葉を入れません。また、書き下すのはあなたの文章ではありません。内容を改変せず、できるかぎり――というより確実に、市民、上司、無線指揮者といった「相手の言葉」を忠実に再現していきます。

(2) 自分に分かればよい

メモそのものは、一時的なものです。キチンとした公用文に書き起こしたり、あるいは、そもそも当該メモに係る情報が不要になったときは、廃棄されるべきものです。したがって、メモそのものは、「あなただけが読めればよい」ものです。ですので、どのような悪筆でもかまいませんし、後で正確に再現できるのであれば、誤字脱字があっても全く問題ありません。誰に見せるものでもないからです。

(3) 取捨選択しない

(1)の内容とも一部重なりますが、メモを取る段階では、内容を取捨選択したり、編集したりする必要はありません。メモは、あくまで素材です。

それは、後に公用文を作成したり、復命をしたり、報告をしたりするための外部記録媒体です。したがって、素材はあればあるほどよく、素材の段階で「これはいらない」「ここは要約」等、勝手な判断を入れる必要はありませんし、入れるべきではありません。できるだけ幅広に素材を用意し、その取捨選択なり編集なりは、メモを取り終えた後、文書作成・復命・報告等の段階で、ゆっくりやればよいのです（しかも、そうした段階になったときほど、「メモを省略した部分」が実は重要だったことが分かり、悔やんだりするケースが多いです）。

メモは、機械的に。そして機械は、自分で取捨選択しません。

(4) **スピード感を体得する**

慣れの問題ですが、最初からうまく、機械的なメモを取れる人はいません。既に述べたように、筆記のスピードは、会話のスピードより必ず遅くなるからです。しかし、メモは機械的な素材ですから、あたかも速記のように、会話等されたことをそのまま――あるいは後で正確に再現できるように――会話のスピードに近付けて取る必要があります。これは、慣れるまでかなり困難ですが、この項目では、「スピード感がなければメモは取れない」ということを覚えておきましょう。

(5) **筆記速度を上げる工夫をする**

自分だけが読めればよく、どんな悪筆でもかまわないのですから、慣れてくれば、前述の「スピード感」はつかめますし、スピードが出せるようになります。

しかし、慣れの問題以前に、筆記速度を上げる工夫をすることはできます。例えば、次のような工夫があります。

ア　筆記具を取り出すスピードを上げる（携帯箇所に工夫をするなど）

イ　使い勝手のよい筆記具を使用する（慣れたもの、滑りのよいものを使用するなど）

ウ　可能な状況であれば、大きな紙、大きなバインダ等、手が動かしやすい器材を用いる

第4　メモの取り方　115

　　エ　自分なりの略字・記号を用意しておく（後述）
　　オ　可能な状況であれば、話し手にゆっくり話してもらったり、一時停止をお願いする
　　カ　可能な状況であれば、複数人でメモを取り、分担したり、後刻突合したりする
　　キ　可能な状況であれば、あらかじめ、議事・議題に関連した知識・単語を知っておく
　　ク　「他にメモを取ってくれる人はいない」「自分がメモを取らなければ、記録は残らない」という危機感を持つ

(6)　略字・記号等を活用する

　メモは、自分だけが読めればよいのですから、極論、日本語を用いる必要すらありません。どう考えても、漢字よりアルファベットの方が、筆記に要する時間は少ないわけですから。しかし、まさか英語でメモを取るというのも現実的ではありません。

　すると、「自分語でメモを取る」というのが、解決法の１つになります。

　といっても、難しい話ではありません。例えば、「警察」を「K察」「KS」にするだけで、筆記速度は著しく上がります。「警察官」を「P官」でもよいでしょうし、日常的な「PM」でもよいでしょう。すると「PS」「PB」「PC」も使えます。被害者だったら○の中に害、被疑者だったら○の中に疑。さらに進んで、「だから」を「→」「so」、「しかし」を「←」「but」と書き表してもよく、「逃走手段」が「TS手段」、「逃走方向」が「TS方向」でもよく、あるいはもっと進んで、「受傷事故防止及び交通事故防止に特段の留意をされたい」であれば「㉓and㊊特段留意 pls.」等でもよいわけです。

　メモを取り慣れてくると、とりわけ警察の場合、「頻出用語」があることが分かってきますから（〜に係る、〜にあっては、〜に鑑み、当該〜、〜されたい、励行、受傷事故、車両、道交法、職質、人着、現着、塗色、ナンバー、人倒れ、人暴れ等々）、そうした「頻出用語」について、自分

語を用意しておけば、筆記速度は確実に上がります。そして最終的には、速記と同程度のスピード感でメモが取れるようになります。これは、自転車に乗ることと一緒で、誰もがその個性にかかわらずできるようになります。問題は、自転車に早く乗れるようになるために、どれだけ工夫を施すかです。

　なお、略字・記号等の活用について、注意点を１つ、挙げておきます。それは、「必ず自分には分かるようにすること」「必ず後で原文に戻すことができるようにすること」です。どのような自分語を使ってもかまわないのですが、最終的には「自分語→標準語」に（平文に）復元できなければ意味がありません。上述の例で言えば、「Ｋ察」という略語を用いたとき、「あっ、これ警察だったかな、観察だったかな、それとも監察？」と自分が迷ってしまうようでは、略語を用いる意味がなくなります。というのも、略語を用いるのは、「正確なメモを、スピード感をもって取るため」だからです。速いことは速いけれど、正確な平文に復元できない──というのは本末転倒でしょう。

3　メモの処理

　メモは、一時的な素材です。それはあなたの手持ち素材であり、そのままでは公用文ではありません。それが公用文となる場合も想定されますが、一般論としては、「適正に使用された後、廃棄されるべきもの」です。それはそうです。あなただけが理解できるかたちで記載されたものですし、組織として保存されているものではありませんし、組織として内容を検討したものでもないからです。

　したがって、あなたが職務執行等の過程において作成したメモにあっては、その目的に応じ、例えば議事録が作成され、例えば復命が終わり、例えば報告が終わり、あるいは例えば所要の警察活動が終了した時点で、廃棄しなければなりません。

　もしそれが組織として重要な意味を持つものであると判断されるときは（したがって廃棄しがたいと判断されるときは）、躊躇せず、上司の指揮を受

けてください。あなたにしか理解できないものを、漫然と、警察組織が保管しているというのは、組織として正しい在り方ではないからです。後刻、そのメモの存在、記載内容、作成者等をめぐって、紛議が生じる可能性もあります。

　「メモは、一時的なもの」「メモは、個人の素材」「メモは、目的が達成されれば廃棄されるべきもの」ということを覚えておきましょう。

付　　録

1　用字用語例のうち特に注意すべきもの

　平成22年に定められた常用漢字表によって、これまで警察実務において用いられてきた頻出語句の表記が、大きく変わっています。特に注意すべきと思われるものを、「付録　2」のリストからピックアップしました。もちろん、この一覧にない語句の表記は、「付録　2」にまとめています。

語句	従来の表記	新常用漢字表による表記
あいさつ	あいさつ	挨拶
あいまい	あいまい	曖昧
あきらめる	あきらめる	諦める
いんこう	いん行	淫行
いんぺい	隠ぺい	隠蔽
かかわる	かかわる	関わる
かぎ	かぎ	鍵
かくせいざい	覚せい剤	覚醒剤
かんがみる	かんがみる	鑑みる
かんぺき	完ぺき	完璧
きぐ	危ぐ	危惧
きんしょう	きん少	僅少
けんじゅう	けん銃	拳銃
（要望等に）こたえる	こたえる	応える
こんせき	こん跡	痕跡
さいはい	さい配	采配
さかのぼる	さかのぼる	遡る

しっそう	失そう	失踪
しゃへい	遮へい	遮蔽
しんし	真し	真摯
しんちょく	進ちょく	進捗
すべて	すべて	全て

2　用字用語例（厳選版）

凡　例

1　見出し語は、五十音順に並べました。
2　見出し語の次に、適宜用例を掲げました。
3　（　）内は、読み方、品詞名等の注意事項を示します。

【あ】

あいさつ　　挨拶
あいず　　合図
あいだ　　間
あいだがら　　間柄
あいつぐ　　相次ぐ
　事故が相次ぐ
あいづち　　相づち
あいまい　　曖昧
あかす　　明かす
　一夜を明かす、種を明かす
あかり　　明かり
　薄明かり、明かりを消す
あがり　　上がり
　店の上がり
あがり　　…上がり（接尾語）
　役人上がり
あがる　　上がる
　二階に上がる、株価が上がる
あき　　明き
　服の胸の明きが大きい
あき　　開き
　窓の開きが少ない、幕開き
あきかん　　空き缶
あきす　　空き巣
あきち　　空き地
あきない　　商い
あきばこ　　空き箱
あきびん　　空き瓶
あきま　　空き間
あきや　　空き家

あきらか　　明らか
あきらめる　　諦める
あきる　　飽きる
あく　　空く
　席が空く、手が空く
あご　　顎
あし　　足
　手足、客足
あし　　脚
　船脚、机の脚
あしかけ　　足掛け
あしどめ　　足止め
あずかり　　預かり
あずけきん　　預け金
あずける　　預ける
あたまごし　　頭越し
あたまわり　　頭割り
あたり　　辺り
　辺りに気を配る
あたり　　当たり
　犯人の当たりをつける
あたりまえ　　当たり前
あつい　　あつい
　病があつい、人情にあつい
あつかい　　扱い
あつかう　　扱う
あつまり　　集まり
あてじ　　あて字
あてな　　宛名
あてはめる　　当てはめる
あとばらい　　後払い
あなどる　　侮る

あばきだす　暴き出す
あびせる　浴びせる
あぶない　危ない
あへん　あへん
　あへん煙
あみあげ　編み上げ
あみあげぐつ　編上靴
あみめ　編み目
あみもの　編み物
あゆみ　歩み
あらいざらい　洗いざらい
あらかせぎ　荒稼ぎ
あらかた　粗方
あらさがし　粗捜し、粗探し
ありがとう　ありがとう
ありがね　有り金
ありさま　有様
あわれ　哀れ
あんぶん　あん分

【い】

いい　いい
　いい話
いいあい　言い合い
いいかえ　言い換え
いいかえす　言い返す
いいかける　言い掛ける
いいかた　言い方
いいだす　言い出す
いいぶん　言い分
いいまわし　言い回し
いいわたし　言渡し

いいわたす　言い渡す
いう　言う
　あえて言う、……と言われている
いう　いう
　～とは、……をいう
いう　…いう
　そういうことはありません
いえる　いえる
　……といえる
いかが　いかが
　いかがお過ごしですか
いかす　生かす
いき　行き（「ゆき」とも）
いきあたり　行き当たり
いきがい　生きがい
いきかえり　行き帰り
いきがかり　行き掛かり
いきごみ　意気込み
いきさき　行き先
いきだおれ　行き倒れ
いきち　生き血
いきちがい　行き違い
いきづまる　行き詰まる
いきのこり　生き残り
いく　行く
いく　逝く
いく　…（て）いく
　実施していく
いくさき　行く先
いくたび　幾度
いくら　幾ら
いけがき　生け垣

いけす　　生けす
いけどり　　生け捕り
いけにえ　　いけにえ
　戦争のいけにえとなる
いけばな　　生け花
いこい　　憩い
いごこち　　居心地
いさぎよい　　潔い
いそがしい　　忙しい
いそぎ　　急ぎ
いだく　　抱く
いただく　　頂く
　有り難く頂く
いただく　　…（て）いただく
　報告していただく
いたばり　　板張り
いたましい　　痛ましい
いたむ　　悼む
　故人を悼む
いたむ　　痛む
　足が痛む
いたむ　　傷む
　家が傷む
いたるところ　　至る所
いち　　一
いちじの　　一時の
いちじるしい　　著しい
いつ　　一
いつ　　いつ
　いつ頃
いっきかせい　　一気かせい
いつくしみ　　慈しみ

いっこう　　一向
　一向に……ない
いっさくじつ　　一昨日
いっしょ　　一緒
いっしょけんめい　　（一所懸命）
いっそう　　一層
いつわる　　偽る
いどう　　異動
　人事異動、財産の異動があった
いどう　　移動
　移動警察、被拘束者を移動し
いどうしきべつ　　異同識別
いとなみ　　営み
いとなむ　　営む
いなめない　　否めない
いぬき　　居抜き
いねむり　　居眠り
いのこり　　居残り
いのちがけ　　命懸け
いのちとり　　命取り
いばる　　威張る
いぶき　　息吹
いま　　今
いまいましい　　忌ま忌ましい
いましめ　　戒め
いやしい　　卑しい
いやしくも　　いやしくも（副詞）
いり　　入り
いりくむ　　入り組む
いれかえ　　入替え
いれかえる　　入れ替える
いれかわり　　入れ替わり

いれちがい　入れ違い
いれもの　入れ物
いろあい　色合い
いろづく　色づく
いろどり　彩り
いわば　言わば
いんこう　淫行
いんねん　因縁
いんぺい　隠蔽
いんめつ　隠滅

【う】

うかがい　伺い
うかがい　伺
　進退伺
うかびあがる　浮かび上がる
うけいれさき　受入先
うけうり　受け売り
うけこたえ　受け答え
うけたまわる　承る
うけつぐ　受け継ぐ
うけつけ　受付
うけつけがかり　受付係
うけつける　受け付ける
うけとめる　受け止める
うけみ　受け身
うけもち　受持ち
うけもつ　受け持つ
うけわたし　受渡し
うしろ　後ろ
うしろあし　後ろ足
うしろすがた　後ろ姿

うしろむき　後ろ向き
うすあかり　薄明かり
うずまる　うずまる
　土砂にうずまる
うずめる　うずめる
　空白をうずめる
うたう　歌う
うたう　うたう
　条文にうたう
うたがわしい　疑わしい
うち　内
うち　うち
　委員のうち、該当するもののうち
うちあげ　打ち上げ
うちあける　打ち明ける
うちかえす　打ち返す
うちけし　打ち消し
うちけす　打ち消す
うちわけ　内訳
うつし　写し
うつしかえ　移替え
うつす　写す
　書類を写す
うつす　移す
　席を移す
うつす　映す
　水に影を映す
うったえ　訴え
うったえ　訴出
うつぶせ　うつ伏せ
うつり　写り
　写真の写り

うつり　映り
　　色の映り
うつりかわり　　移り変わり
うつりかわる　　移り変わる
うとい　　疎い
うながす　　促す
うばいとる　　奪い取る
うまのり　　馬乗り
うまれかわる　　生まれ変わる
うまれつき　　生まれつき
うめたてち　　埋立地
うらうち　　裏打ち
うらづけ　　裏付け
うらみ　　恨み
うらやむ　　羨む
うり　　売り
うりあげ　　売上げ
うりあげきん　　売上金
うりあげる　　売り上げる
うりかい　　売り買い
うりかけきん　　売掛金
うりきれ　　売り切れ
うりだし　　売出し
うりだす　　売り出す
うりて　　売手
うりぬし　　売主
うりね　　売値
うりもの　　売り物
うりわたしかかく　　売渡価格
うる　　得る
　　書き得る、あり得る
うるうどし　　うるう年

うるおい　　潤い
うるわしい　　麗しい
うれえる　　憂える
　　国の前途を憂える
うれゆき　　売行き
うろおぼえ　　うろ覚え
うろたえる　　うろたえる
うわがき　　上書き
うわぎ　　上着
うわぜい　　上背
うわづみ　　上積み
うわのせ　　上乗せ
うわべ　　上辺
うわまわる　　上回る

【え】

えがきだす　　描き出す
えらびだす　　選び出す
えりごのみ　　えり好み
える　　得る
　　許可を得る
えんえき　　演えき
えんぐみ　　縁組

【お】

お　　お…（接頭語）
　　お願い、お礼、お天気、お世話
おいかける　　追い掛ける
おいこし　　追越し
おいこす　　追い越す
おいつく　　追い付く
おいつめる　　追い詰める

おいぬく	追い抜く	おこす	起こす
おおがかり	大掛かり	おこす	おこす
おおかた	大方		火をおこす
おおせ	仰せ	おごそか	厳か
おおはば	大幅	おこたる	怠る
おおぶり	大振り	おさえる	押さえる
おおやけ	公		証拠を押さえる
おかげ	お陰	おさえる	抑える
おかす	犯す		攻撃を抑える、怒りを抑える
	法を犯す	おさめる	収める
おかす	侵す		成功を収める、目録に収める
	権利を侵す、国境を侵す	おさめる	治める
おかす	冒す		国を治める
	危険を冒す	おさめる	納める
おきあがる	起き上がる		税を納める、国庫に納める
おきかえる	置き換える	おさめる	修める
おきざり	置き去り		学を修める
おきば	置場	おしあう	押し合う
おきびき	置き引き	おしあげる	押し上げる
おきもの	置物	おしいる	押し入る
おく	置く	おしいれ	押し入れ
おく	…（て）おく	おしうり	押売
	通知しておく	おしかえす	押し返す
おくりさき	送り先	おしかける	押し掛ける
おくりじょう	送り状	おしきる	押し切る
おくりだす	送り出す	おしこむ	押し込む
おくりとどける	送り届ける	おしすすめる	推し進める
おくりもの	贈物	おしはかる	推し量る
おくれ	後れ	おしもんどう	押し問答
	人に後れを取る	おす	推す
おくれ	遅れ		計画を推し進める
	5分の遅れ	おす	押す

念を押す
おそれ　おそれ
　……のおそれがある
おそれ　恐れ
　恐れを抱く、恐れをなす
おそれ　畏れ
おそれいる　恐れ入る
おそろしい　恐ろしい
おたがい　お互い
おちいる　陥る
おちつき　落ち着き
おちど　落ち度
おって　追って（副詞）
　……については追って知らせる
おとしいれる　陥れる
おとしもの　落とし物
おないどし　同い年
おなじ　同じ
おのおの　各、各々
おびやかす　脅かす
おびる　帯びる
おぼえ　覚え
おまわりさん　お巡りさん
おもいあたる　思い当たる
おもいうかべる　思い浮かべる
おもいおこす　思い起こす
おもいかえす　思い返す
おもいがけない　思い掛けない
おもいきり　思い切り
おもいしる　思い知る
おもいすごし　思い過ごし
おもいだす　思い出す

おもいちがい　思い違い
おもいつき　思い付き
おもいどおり　思い通り
おもいとどまる　思いとどまる
おもてむき　表向き
おもむき　趣
おもむく　赴く
おもわく　思わく
おもわず　思わず
おり　折
　その折
おりかえし　折り返し
おりかえす　折り返す
おろか　愚か
おろか　…（は）おろか
　畑はおろか家まで
おわり　終わり
おん　御…（接頭語）
　御中、御礼
おんれい　御礼

【か】

か　箇
　箇条、箇所、何箇月
　五箇年計画（固有名詞）
か　か
　20か条、2か所、3か月
　（数詞に続けて物を数えるとき）
かいかえ　買換え
かいかえる　買い換える
がいぜんせい　蓋然性
かいてい　改定

規則の改定
かいてい　　改訂
　　改訂版
かいとり　　買取り
かいとる　　買い取る
かいもどし　　買戻し
かいもどす　　買い戻す
かいもの　　買物
かえ　　代え
　　代えがない
かえりみる　　省みる
　　自らを省みる
かえりみる　　顧みる
　　過去を顧みる
かおつき　　顔つき
かおみしり　　顔見知り
かかり　　係
かかわる　　関わる
　　生死に関わる問題
かきいれる　　書き入れる
かきかえ　　書換え
かきかえる　　書き換える
かきまぜる　　かき混ぜる
かぎ　　鍵
かぎり　　限り
かぎる　　限る
かくしだて　　隠し立て
かくせいざい　　覚醒剤
かけあし　　駆け足
かけこむ　　駆け込む
かけつける　　駆けつける
かけひき　　駆け引き

かげり　　陰り
かける　　欠ける
　　常識に欠ける
かける　　架ける
　　電線を架ける、橋を架ける
かける　　掛ける
　　腰を掛ける、保険を掛ける、疑いを掛ける、くぎに掛ける、医者に掛ける、水を掛ける、声掛け、働き掛け
かける　　駆ける
　　馬が駆ける
かける　　懸ける
　　賞金を懸ける、命を懸ける、思いを懸ける
かける　　賭ける
　　金品を賭ける
かける　　かける
　　会議にかける、閣議にかける、王手をかける、時間をかける、手塩にかける、目をかける、レコードをかける
かげる　　陰る
かしきん　　貸金
かしつけ　　貸付け
かしつけきん　　貸付金
かしつける　　貸し付ける
かする　　科する
　　刑罰を科する
かする　　課する
　　負担を課する
かする　　かする
　　耳元をかする

かぜとおし　風通し
かたち　　形
かたづく　片付く
かたまり　塊
　　金の塊
かたまり　固まり
　　学生の固まり
かたやぶり　型破り
かたりあう　語り合う
かつ　　かつ（接続詞）
　　不偏不党かつ公平中正
かて　　糧
かな　　仮名
　　片仮名、平仮名、仮名遣い
かなめ　要
　　肝心要、組織の要となる人
かならず　必ず（副詞）
かならずしも　必ずしも（副詞）
かなり　かなり（副詞）
　　かなり寒い
かねあい　兼ね合い
かねて　かねて（副詞）
　　かねてお話のあった
かねてより　かねてより
かまえ　構え
かみきる　かみ切る
かみきれ　紙切れ
かみくず　紙くず
かみくだく　かみ砕く
かもしだす　醸し出す
かよう　通う
からだつき　体つき

からみあう　絡み合う
からむ　絡む
からめる　絡める
かりかえ　借換え
かりたてる　駆り立てる
かりに　仮に
かれら　彼ら
かわら　河原、川原
かわり　代わり
　　身代わり
かわり　変わり
　　季節の変わり目
かわり　替わり
　　入れ替わり、代替わり
かんがみる　鑑みる
かんじん　肝腎（「肝心」とも）
かんする　関する
がんばる　頑張る
かんぺき　完璧
かんよう　かん養
かんよう　肝要

【き】

き　　毀
　　毀損、毀誉
きあい　気合
きがえ　着替え
きかえる、きがえる　着替える
きがかり　気掛かり、気懸かり
ききあし　利き足
ききいれる　聞き入れる
ききうで　利き腕

ききおとす	聞き落とす	きにいる	気に入る
ききおぼえ	聞き覚え	きのう	昨日
ききおよぶ	聞き及ぶ	きめこまかい	きめ細かい
ききかえす	聞き返す	きめつける	きめつける
ききこみ	聞き込み		一方的にきめつける
ききもらす	聞き漏らす	きゃくひき	客引き
きく	聞く	きゅうかねがい	休暇願
話を聞く、うわさを聞く		きょう	今日
きく	聴く	ぎょうこう	行幸
音楽を聴く、国民の声を聴く、審議会の意見を聴く		きょうよう	共用
		共用の駐輪場	
きく	効く	きょうよう	供用
薬が効く		県が施設を供用する	
きく	利く	きりかえ	切替え
左手が利く、目が利く、機転が利く		きりかえび	切替日
きぐ	危惧	きりかえる	切り替える
きこえる	聞こえる	きりさげ	切下げ
きざい	器材	きりさげる	切り下げる
実験用の器材		きりすて	切捨て
きざい	機材	きりすてる	切り捨てる
建築用の機材		きりとる	切り取る
きざし	兆し	きりはなし	切離し
きずつく	傷つく	きりはなす	切り離す
きずつける	傷つける	きりふだ	切り札
きそいあう	競い合う	きれはし	切れ端
きそん	毀損	きれめ	切れ目
きたる	来る	きわだつ	際立つ
来る4月1日		きわまり	極まり
きっきん	喫緊	不都合極まりない言葉	
喫緊の課題		きわみ	極み
きづく	気付く	遺憾の極み	
きっすい	生っ粋	きわめつき	極め付き

きんしょう　僅少

【く】

くいちがい　食い違い
くいちがう　食い違う
くいつく　食い付く
くぎ　くぎ
　くぎを打つ
くぎづけ　くぎ付け
くぎぬき　くぎ抜き
くぐりぬける　くぐり抜ける
くじびき　くじ引
くせ　癖
くだく　砕く
ください　下さい
　資料を下さい、回答を下さい
ください　…(て)ください
　話してください、貸してください
くだす　下す
　判決を下す、命令を下す、腹を下す
くちきき　口利き
くつがえす　覆す
くどく　口説く
くみ　組み
　活字の組み
くみとる　酌み取る
　事情を酌み取る
くみとる　くみ取る
　水をくみ取る
くらい　位
くらい　…くらい(ぐらい)

くらし　暮らし
くらす　暮らす
くらべる　比べる
くりあがる　繰り上がる
くりあげ　繰上げ
くりあわせる　繰り合わせる
くりかえす　繰り返す
くる　来る
くる　…(て)くる
　寒くなってくる
くれる　暮れる
くれる　くれる
　途方にくれる
くれる　くれる
　資料をくれる
くれる　…(て)くれる
　見てくれる
くろぬり　黒塗り
くわけ　区分け
くわだて　企て
くわだてる　企てる

【け】

げ　…げ(接尾語)
　惜しげもなく
けさ　今朝
けしとめる　消し止める
けた　桁
　三桁、橋桁
けたちがい　桁違い
けっして　決して
けわしい　険しい

げんきんばらい　現金払
けんじゅう　拳銃
げんじょう　現状
　現状維持
げんじょう　原状
　原状回復
げんじょう　現場
けんせいじゅん　建制順
げんどうきつきじてんしゃ　原動機付自転車
けんぺいりつ　建蔽率

【こ】

ご　御…（接頭語）
　御調査、御依頼、御飯、御用、御殿、御存じ、御○○（後に付く語が漢字の場合の「ご」に用いる。）
ご　ご…（接頭語）
　ごべんたつ（後に付く語が仮名の場合に用いる。「御」を参照。）
こいねがう　こいねがう
こういう　こういう
　こういう問題
こうしじま　格子じま
こうたい　交代
　選手交代
こうたい　交替
　交替制勤務
こうでい　拘泥
こうばい　勾配
こうはん　広範
こうむる　被る

こうり　小売
こうりゅう　拘留
　20日の拘留に処する
こうりゅう　勾留
　被疑者を勾留する
こえる　越える
　山を越える
こえる　超える
　人間の能力を超える、6月を超えない範囲で……、10万円を超える額
ここち　心地
こころ　心
こころあたり　心当たり
こころがけ　心掛け、心懸け
こころがまえ　心構え
こころみ　試み
こころみる　試みる
ごさんかい　午さん会
こたえる　答える
こたえる　応える
　要望に応える
こづつみ　小包
こっとうひん　骨とう品
こと　こと
　許可しないことがある
ことがら　事柄
ことさらに　殊更に
ことし　今年
ことにする　異にする
ことのほか　殊の外
ことば　言葉
このさい　この際

このたび　この度
ごぶさた　御無沙汰
こぶし　拳
こまりごと　困りごと
ごようおさめ　御用納め
ごようはじめ　御用始め
こよみ　暦
こらしめる　懲らしめる
こりかたまる　凝り固まる
ごろうく　御労苦
こんせき　痕跡
こんだて　献立
こんぼう　こん棒

【さ】

さ　再
　再来年、再来月、再来週
さいしょう　最小
　最小限
さいしょう　最少
　最少得点、最少額
さいはい　采配
さいわい　幸い
さえぎる　遮る
さかい　境
さかうらみ　逆恨み
さかえる　栄える
さかさ　逆さ
さかさま　逆さま
さがしあてる　捜し当てる
さがしだす　捜し出す
さがしもの　捜し物

さかだち　逆立ち
さかのぼる　遡る
さからう　逆らう
さき　先
さきゆき　先行き
さきんずる　先んずる
さく　割く
　時間を割く、人手を割く
さぐり　探り
さぐる　探る
さげすむ　蔑む
　相手を蔑む
さけびごえ　叫び声
さけめ　裂け目
ささやか　ささやか
　ささやかな祝宴
さしあげる　差し上げる
さしいれ　差し入れ
さしいれる　差し入れる
さしおさえ　差押え
さしおさえめいれい　差押命令
さしおさえる　差し押さえる
さしせまる　差し迫る
さしだしぐち　差し出し口
さしだしにん　差出人
さしだす　差し出す
さしつかえ　差し支え
さしとめ　差止め
さしとめる　差し止める
さしむける　差し向ける
さしもどし　差戻し
さしもどす　差し戻す

さそい　　誘い
さそいだす　　誘い出す
さだかだ　　定かだ
さだまる　　定まる
さだめ　　定め
さっきゅう、そうきゅう　　早急
ざっぱくな　　雑ぱくな
さとす　　諭す
さばき　　裁き
さま　　様
さまがわり　　様変わり
さます　　冷ます
さます　　覚ます
　　目を覚ます
さます　　さます
　　酔いをさます
さまたげ　　妨げ
さまたげる　　妨げる
さまよう　　さまよう
さらいしゅう　　再来週
さらいねん　　再来年
さる　　去る
　　去る4月1日

【し】

しあがり　　仕上がり
しあげ　　仕上げ
しあげる　　仕上げる
しあわせ　　幸せ
しいたげる　　虐げる
しいる　　強いる
しいれ　　仕入れ

しいれひん　　仕入品
しかえし　　仕返し
しかけ　　仕掛け
しかけはなび　　仕掛花火
しかける　　仕掛ける
じがため　　地固め
じきじきに　　直々に
しきち　　敷地
しきり　　仕切り
しきりに　　しきりに（副詞）
しきる　　仕切る
しく　　敷く
しくみ　　仕組み
しくむ　　仕組む
しごく　　至極
しじゅう　　始終
しする　　資する
したうけ　　下請
したがう　　従う
したがえる　　従える
したみ　　下見
しつけ　　しつけ
　　しつけがいい
しつけ　　仕付け
　　仕付け糸
じっせん　　実戦
　　暴動に対処するための実戦的訓練
じっせん　　実践
　　指導された事項を実践する
しっそう　　失踪
じったい　　実体
　　生命の実体

じったい　実態
　実態調査
じつに　実に（副詞）
しのばせる　忍ばせる
しのばれる　しのばれる
　昔のことがしのばれる
しのびこむ　忍び込む
しのびよる　忍び寄る
しばらく　しばらく
　しばらくお待ちください
しぶしぶ　渋々
しまつ　始末
じまわり　地回り
しみる　染みる
しみる　しみる
　目にしみる
じむとりあつかい　事務取扱
じむひきつぎ　事務引継
じむをとりあつかう　事務を取り扱う
じむをひきつぐ　事務を引き継ぐ
しめくくり　締めくくり
しめしあわせる　示し合わせる
しめる　閉める
　戸を閉める
しゃへい　遮蔽
じゃり　砂利
しゃりょう　車両
じゅう　…中
　世界中
じゅうき　じゅう器
しゅきおびうんてん　酒気帯び運転

じょうけんつき　条件付
じょうけんつきさいよう　条件付採用
しようずみ　使用済み
しようずみねんりょう　使用済燃料
じょうちょ　情緒
じょじょに　徐々に
しょよう　所用
　所用で他出する
しょよう　所要
　所要時間
しりあい　知り合い
しりあう　知り合う
しりぞける　退ける
しれわたる　知れわたる
しわけ　仕分
しわける　仕分ける
しんし　真摯
しんじょう　身上
　身上調査
じんだい　甚大
　被害甚大
しんたいうかがい　進退伺
しんちょく　進捗
　進捗状況
じんもん　尋問

【　す　】

すいがら　吸い殻
すいくち　吸い口
すいこむ　吸い込む
ずいぶん　随分

すえ　末
すき　隙
　付け入る隙がない
すぎさる　過ぎ去る
すきとおる　透き通る
すきま　隙間
すくなくとも　少なくとも（副詞）
すこしも　少しも
すじあい　筋合い
ずつ　ずつ
　一つずつ、少しずつ
すてぜりふ　捨てぜりふ
すなわち　すなわち（接続詞）
すべて　全て
すまい　住まい
すみ　隅
　隅に置けない
ずみ　済み
ずみ　済
　支出済額
すわりこみ　座込み
すわりこむ　座り込む

【せ】

せおいなげ　背負い投げ
ぜがひでも　是が非でも
せばまる　狭まる
せばめる　狭める
ぜひ　是非

【そ】

そうかつ　総括

そうじて　総じて（副詞）
そうそうに　早々に
そうてん　装填
そく　即
そっこんせき　足痕跡
そと　外
そとまわり　外回り
そなえ　備え
そば　そば
　机のそば
そむく　背く
そらす　反らす
　胸を反らす
そらす　そらす
　質問をそらす

【た】

たいがい　大概
たいした　大した
たいせい　体制
　組織の体制を見直す
たいせい　態勢
　警戒態勢、万全の態勢をとる
たいせい　体勢
　着陸体勢
たいそう　大層
だいたい　大体
たいてい　大抵
だいぶ、だいぶん　大分
たいへん　大変
たえる　堪える
　遺憾に堪えない

たえる　絶える
　心配が絶えない
たえる　耐える
　重圧に耐える
たがい　互い
たかとび　高飛び
　犯人が高飛びする
たかまり　高まり
たくみ　巧み
たぐる　手繰る
たけ　丈
　思いの丈、身の丈
たし　足し
　家計の足しにする
だしいれ　出し入れ
たたえる　たたえる
　褒めたたえる
たたかい　戦い
　正義の戦い、告示前の戦い
たたかい　闘い
　死力を尽くした闘い、派閥の闘い
たちあがる　立ち上がる
たちいふるまい　立ち居振る舞い
たちいりきんし　立入禁止
たちさる　立ち去る
たちどまる　立ち止まる
たちなおる　立ち直る
たちならぶ　立ち並ぶ
たちのく　立ち退く
たちば　立場
たちまわりさき　立ち回り先
たちまわる　立ち回る

たちむかう　立ち向かう
たてかえ　立替え
たてかえ　建て替え
たてかえきん　立替金
たてかえる　立て替える
たてかえる　建て替える
たてがき　縦書き
たてかける　立て掛ける
たてかんばん　立て看板
たてこむ　立て込む
たてつけ　立て付け
　立て付けが悪い
たてつづけ　立て続け
たてなおす　立て直す
たてなおす　建て直す
たてまつる　奉る
たてもの　建物
たてやくしゃ　立て役者
たとえ　例え
　例え話
たとえる　例える
たばこ　たばこ
　たばこ屋
たぶん　多分
たべもの　食べ物
だましうち　だまし打ち
たまつき　玉突き
たまわる　賜る
ため　ため
　台風のためイベントは中止、被害者のために
だめ　駄目

だめおし　駄目押し
ためし　試し
ためす　試す
たもつ　保つ
たらいまわし　たらい回し
だんじて　断じて（副詞）
たんちょ　端緒
たんに　単に

【ち】

ちかい　誓い
ちかく　近く
ちかごろ　近頃
ちかぢか　近々
ちかづく　近づく
ちかづける　近づける
ちかよる　近寄る
ちからずく　力ずく
ちからぞえ　力添え
ちぢまる　縮まる
ちぢめる　縮める
ちょうむすび　ちょう結び
ちりぢりに　散り散りに

【つ】

ついたち　一日
つかみあい　つかみ合い
つかみとる　つかみ取る
つき　付
　条件付採用
つき　…つき
　顔つき、目つき

つき　…付き
　折り紙付き
つきあい　付き合い
つきあう　付き合う
つきあげる　突き上げる
つきあわせる　突き合わせる
つきくずす　突き崩す
つぎこむ　つぎ込む
つぎつぎと　次々と
つきつける　突き付ける
つきつめる　突き詰める
つくりかた　作り方
つくりごと　作り事
つくる　作る
　米を作る
つくる　造る
　船を造る、酒を造る、庭園を造る
つくる　創る
　新しい文化を創（作）る
つけ　付
　日付、気付、手付金、番付
つけ　付け
　行き付け、貸付け
つけ　…付け
　4月1日付け、名付け親
つけくわえる　付け加える
つつしみ　慎み
つつしむ　慎む
つつみ　包み
つつみかくす　包み隠す
つつみこむ　包み込む
つどい　集い

つどう　　集う
つとめさき　　勤め先
つとめにん　　勤め人
つとめる　　努める
　　解決に努める、研究に努める
つとめる　　務める
　　議長を務める、土俵を務める
つとめる　　勤める
　　役所に勤める、会社に勤める
つながり　　つながり
　　事件とのつながり
つながる　　つながる
　　犯罪につながる
つなぐ　　つなぐ
　　手をつなぐ
つぶす　　潰す
　　暇を潰す
つまびらか　　つまびらか
つまる　　詰まる
　　息が詰まる
つみかさなる　　積み重なる
つみこみ　　積込み
つみこむ　　積み込む
つめよる　　詰め寄る
つや　　通夜
つゆ　　梅雨
つら　　面
つらなる　　連なる
つらぬきとおす　　貫き通す
つらぬく　　貫く
つらねる　　連ねる

【て】

てあて　　手当
　　扶養手当、調整手当、手当を支給する
てあて　　手当て
　　傷の手当てをする
ていする　　呈する
　　疑問を呈する
ていれ　　手入れ
てがかり　　手掛かり、手懸かり
でかける　　出掛ける
でき…　　出来…
　　出来心、出来事、出来具合
…でき　　…出来
　　上出来、不出来
できあがり　　出来上がり
てきかく　　的確
　　的確に任務を遂行する
てきかく　　適格
　　人物が適格かどうか判断する
できごころ　　出来心
できごと　　出来事
てぎわ　　手際
てくばり　　手配り
てごたえ　　手応え
でこぼこ　　凸凹
てごろ　　手頃
でぞめ　　出初め
てだし　　手出し
てだすけ　　手助け
てちがい　　手違い

てぢかだ	手近だ	とおり	通り
てつき	手付き		銀座通り
てづくり	手作り	とおり	とおり
てはじめ	手始め		次のとおりである
てはず	手はず	とおりがかり	通り掛かり
てびき	手引	とおりかかる	通り掛かる
	文書作成の手引	とおりすぎる	通り過ぎる
てびき	手引き	とき	時
	手引きをする	とき	…とき
てびきしょ	手引書		事故のとき、都合の悪いとき
てまどる	手間取る	ときおり	時折
てまわし	手回し	ときどき	時々
でむく	出向く	とげる	遂げる
てもち	手持ち		目的を遂げる
てもちひん	手持品	どこ	どこ（代名詞）
てもと	手元	ところ	所
てらしあわす	照らし合わす		台所、住む所
てわけ	手分け	ところ	…ところ
てわたす	手渡す		法律の定めるところ
でんぱ	伝ぱ	としこし	年越し
		とじこめる	閉じ込める
【と】		とじこもる	閉じこもる
どあい	度合い	どしゃくずれ	土砂崩れ
とい	問い	とどけしょ	届け書
といあわす	問い合わす	とびおりる	飛び下りる、飛び降りる
といただす	問いただす		
といつめる	問い詰める	とびかう	飛び交う
とう	問う	とびこえる	飛び越える、跳び越える
どうしうち	同士討ち		
とうてい	到底	とびだしナイフ	飛び出しナイフ
どうどうと	堂々と	とめおき	留め置き
とうとつ	唐突	とも	共

共倒れ、共に（副詞）、共々（副詞）
ども　…ども（接尾語）
　私ども
ともだち　　友達
ともなう　　伴う
ともに　　共に（副詞）
　部下職員と共に
とらえる　　捕らえる
　犯人を捕らえる
とらえる　　捉える
　要点を捉える
とりあえず　　取りあえず
とりあげ　　取上げ
とりあげる　　取り上げる
とりあつかいじょ　　取扱所
とりあつかいひん　　取扱品
とりおさえる　　取り押さえる
とりきめ　　取決め
とりきめる　　取り決める
とりくみ　　取組
　本日の好取組、その問題への取組が足りない
とりこわし　　取壊し
とりこわす　　取り壊す
とりさげ　　取下げ
とりさげる　　取り下げる
とりしらべ　　取調べ
とりしらべしつ　　取調べ室
とりしらべる　　取り調べる
とりたて　　取立て
とりたてる　　取り立てる
とりはからい　　取り計らい

とりはからう　　取り計らう
とりぶん　　取り分
とりまとめ　　取りまとめ
とりまとめる　　取りまとめる
とりやめ　　取りやめ
とりやめる　　取りやめる

【な】

ない　　ない
　行かない、通知がこない
ない　　無い
　金が無い、信用が無い
なか　　中
　中庭、真ん中、箱の中、両者の中に入る
なかみ　　中身
　中身のない人
ながめ　　眺め
なくす　　なくす
　犯罪をなくす
なくす　　亡くす
　惜しい人を亡くす
なくす　　無くす
　金を無くす
なげこむ　　投げ込む
なげだす　　投げ出す
なげやり　　投げやり
なさけ　　情け
なに　　何
なにとぞ　　何とぞ
なにぶん　　何分
なまなましい　　生々しい

なみなみ　並々
なやましい　悩ましい
ならわし　習わし
なりたち　成り立ち
なる　成る
　本表と付表とから成る
なる　なる
　合計すると10万円になる
なるべく　なるべく
なるほど　なるほど
なれ　慣れ
なれあい　なれ合い
なれる　慣れる
なん　何
　何本、何十、何でもない、何にも、
　何のことか
なんら　何ら
なんらか　何らか

【 に 】

にぎりこぶし　握り拳
にぎりしめる　握り締める
にくい　憎い
にくい　…にくい
　言いにくい
にげあし　逃げ足
にげまわる　逃げ回る
にげみち　逃げ道
にじみでる　にじみ出る
にじむ　にじむ
にせ　偽
　偽札

につかわしい　似つかわしい
につめる　煮詰める
になう　担う
にのあし　二の足
にのつぎ　二の次
にらむ　にらむ
にわかに　にわかに

【 ぬ 】

ぬきうち　抜き打ち、抜き撃ち
ぬぐいとる　拭い取る
ぬくもり　ぬくもり
ぬし　主
ぬらす　ぬらす
　髪をぬらす
ぬり　塗り
ぬれる　ぬれる
　着物がぬれる

【 ね 】

ねあがり　値上がり
ねがい　願い
ねがい　…願
　休暇願
ねぎらう　ねぎらう
　労をねぎらう
ねたむ　妬む
ねっこ　根っこ
ねづよい　根強い
ねとまり　寝泊まり
ねばり　粘り
ねばりづよい　粘り強い

ねほりはほり　根掘り葉掘り
ねまわし　根回し
ねらいうち　狙い撃ち
ねりはみがき　練歯磨
ねんいり　念入り
ねんしゅつ　捻出
ねんねん　年々
ねんのため　念のため

【の】

のける　のける
　物をのける
のこらず　残らず
のぞきこむ　のぞき込む
のぞきみる　のぞき見る
のちほど　後ほど
のっとる　乗っ取る
　会社を乗っ取る
のっとる　のっとる
　法令にのっとって
ののしる　罵る
のばなし　野放し
のびなやみ　伸び悩み
のびのび　伸び伸び
　伸び伸びと育つ
のびりつ　伸び率
のべ　延べ
のべじんいん　延べ人員
のみくい　飲み食い
のみぐすり　飲み薬
のみこうい　のみ行為
のみこむ　飲み込む

のみや　のみ屋
　馬券ののみ屋
のりいれ　乗り入れ
のりおり　乗り降り
のりきる　乗り切る
のりこえる　乗り越える
のりにげ　乗り逃げ
のりまわす　乗り回す
のりもの　乗り物

【は】

はあく　把握
ばあたり　場当たり
はいだす　はい出す
はいでる　はい出る
はいふ　配布
　ちらしを配布する
はいふ　配付
　身分証明書を配付する
はいまわる　はい回る
はえぬき　生え抜き
はがいじめ　羽交い締め
はがき　はがき
　年賀はがき
はがす　剥がす
ばかす　化かす
はかどる　はかどる
はがね　鋼
はかまいり　墓参り
はからい　計らい
はからう　計らう
はかり　計り

はかりしれない	計り知れない
はかる	諮る
審議会に諮る	
はがれる	剥がれる
はく	掃く
はく	履く
はぐくむ	育む
子を育む	
ばくぜん	漠然
ばくと	博徒
はげます	励ます
はげみ	励み
ばけもの	化け物
はこ	箱
はこび	運び
はこぶ	運ぶ
はさまる	挟まる
はさむ	挟む
はじきだす	はじき出す
はじめて	初めて（副詞）
初めて経験する	
はじめに	初めに
はずかしめ	辱め
はずかしめる	辱める
はずみ	弾み
はだか	裸
はて	果て
はてしない	果てしない
はなし	話
はなしあいて	話し相手
はなして	話し手
はなはだしい	甚だしい

はなれ	離れ
はなれじま	離れ島
はね	羽
鳥の羽	
はね	羽根
赤い羽根	
はば	幅
はばたく	羽ばたく
はばひろい	幅広い
はばむ	阻む
はぶく	省く
はみがきこ	歯磨粉
はみだす	はみ出す
はみでる	はみ出る
はむかう	刃向かう
はめこみ	はめ込み
はめこむ	はめ込む
はやりすたり	はやり廃り
はりこみ	張り込み
はりこむ	張り込む
はりつけ	貼付け
はる	貼る
切手を貼る、ポスターを貼る	
はる	張る
ロープを張る、欲張る、引っ張る	
はれ	晴れ
はんじょう	繁盛
はんめん	半面
コートの半面	
はんめん	反面
苦労の多い反面	

【ひ】

ひかえ　　控え
ひかえしつ　　控室
ひきいる　　率いる
ひきいれる　　引き入れる
ひきがね　　引き金
ひきころす　　ひき殺す
ひきさがる　　引き下がる
ひきさく　　引き裂く
ひきしまる　　引き締まる
ひきしめ　　引締め
ひきしめる　　引き締める
ひきずる　　引きずる
ひきど　　引き戸
ひきわけ　　引き分け
ひく　　引く
ひく　　弾く
　　ピアノを弾く
ひく　　ひく
　　人目をひく
ひけめ　　引け目
ひごと　　日ごと
ひごろ　　日頃
ひさしい　　久しい
ひさしぶり　　久しぶり
ひさびさ　　久々
ひたい　　額
ひたす　　浸す
ひだりきき　　左利き
ひっかかり　　引っ掛かり
びっくりする　　びっくりする

ひづけ　　日付
　　日付が変わる
ひっこし　　引っ越し
ひっこす　　引っ越す
ひとかげ　　人影
ひとごみ　　人混み（「人込み」とも）
ひとごろし　　人殺し
ひとしい　　等しい
ひとそろい　　一そろい
ひとちがい　　人違い
ひとつ　　一つ
ひとづくり　　人づくり
ひとつづき　　一続き
ひととおり　　一通り
ひとまわり　　一回り
ひとやすみ　　一休み
ひとり　　一人
　　一人当たり、国民の一人一人が、人っ子一人、一人息子
ひとり　　独り
　　独り舞台、独り身
ひどり　　日取り
ひとりひとり　　一人一人
ひのべ　　日延べ
ひのまる　　日の丸
ひびわれ　　ひび割れ
ひま　　暇
ひまつぶし　　暇潰し
ひも　　ひも
　　ひもを結ぶ
ひややかだ　　冷ややかだ
ひょうき　　表記

表記の金額
ひょうき　　標記
　　　標記のことについて
ひるがえす　　翻す
ひるがえる　　翻る
ひるさがり　　昼下がり
ひるすぎ　　昼過ぎ
ひるむ　　ひるむ
ひるやすみ　　昼休み
ひろい　　広い
ひろがり　　広がり
ひろがる　　広がる
ひろげる　　広げる
ひろびろと　　広々と
ひろまる　　広まる
ひろめる　　広める
ひわい　　卑わい
ひわり　　日割り

【 ふ 】

ふいうち　　不意打ち
ふうき　　風紀
ふうじこめる　　封じ込める
ふかおい　　深追い
ふくまれる　　含まれる
ふくむ　　含む
ふくめる　　含める
ふくらみ　　膨らみ
ふくらむ　　膨らむ
ふくれる　　膨れる
ふさがる　　塞がる
ふさぐ　　塞ぐ

ふさわしい　　ふさわしい
　　　ふさわしい名前
ふしめ　　節目
ふじゅうぶん　　不十分
ふたえまぶた　　二重まぶた
ふたつ　　二つ
ふたり　　二人
ふつか　　二日
ふところ　　懐
ふばらい　　不払
ふまえ　　踏まえ
ふみきる　　踏み切る
ふみこむ　　踏み込む
ふみだす　　踏み出す
ふみとどまる　　踏みとどまる
ふむき　　不向き
ふもと　　麓
ふやす　　増やす
　　　人数を増やす
ふりまわす　　振り回す
ふりむく　　振り向く
ぶる　　…ぶる（接尾語）
　　　偉ぶる
ふるいおこす　　奮い起こす
ふるいおとす　　ふるい落とす

【 へ 】

へきち　　へき地
へだたり　　隔たり
へだたる　　隔たる
へだてる　　隔てる
へや　　部屋

へんせい　編成
　予算編成、チームの編成
へんせい　編制
　部隊編制、陸海軍を編制する

【ほ】

ほうりだす　放り出す
ほか　ほか
　ほかの意見、ほかから探す、ほかから連れてくる、特別の場合を除くほか
ほか　外
　外に、その外（「外」は「以外」の意味が明らかな場合に用いる。）
ほがらかだ　朗らかだ
ほこらしい　誇らしい
ほしい　欲しい
ほしい　ほしい
　……（て）ほしい
ほしょう　保証
　連帯保証、……と保証する
ほしょう　保障
　権利を保障する
ほしょう　補償
　災害補償
ほど　程
　身の程を知る
ほど　ほど（助詞）
　三日ほど経過した
ほどこす　施す
ほどとおい　程遠い
ほめことば　褒め言葉

ほめる　褒める
ほりおこす　掘り起こす
ほりかえす　掘り返す
ほりさげる　掘り下げる
ほんとう　本当

【ま】

まあたらしい　真新しい
まいきょ　枚挙
まいご　迷子
　（「まよいご」は「迷い子」と書く。）
まいる　参る
　神社に参る
まいる　まいる
　……してまいりたい
まがりなり　曲がりなり
まきあげる　巻き上げる
まきおこす　巻き起こす
まきこむ　巻き込む
まきぞえ　巻き添え
まぎらわしい　紛らわしい
まぎれこむ　紛れ込む
まさる　勝る
まじえる　交える
まじる　交じる
　漢字と仮名が交じった文章
まじる　混じる
　異物が混じる、雑音が混じる
またたき　瞬き
まちかまえる　待ち構える
まちぶせ　待ち伏せ
まちまち　まちまち

まっさき	真っ先
まつり	祭り
まと	的
まどい	惑い
まとはずれ	的外れ
まどり	間取り
まにあう	間に合う
まね	まね
	物まね
まのあたり	目の当たり
まばたき	まばたき
まぶか	目深
まぶしい	まぶしい
まぼろし	幻
まもなく	間もなく
まよいご	迷い子

（「まいご」は「迷子」と書く。）

まわりみち	回り道
まんなか	真ん中
まんびき	万引き

【み】

みいだす	見いだす
みおくり	見送り
みおくる	見送る
みかけ	見掛け
みかける	見掛ける
みがまえ	身構え
みがまえる	身構える
みがら	身柄
みがわり	身代わり
みきき	見聞き
みきわめる	見極める
みくびる	見くびる
みくらべる	見比べる
みこみ	見込み
みこみがく	見込額
みこみちがい	見込み違い
みこむ	見込む
みじたく	身支度
みずびたし	水浸し
みずべ	水辺
みせかけ	見せ掛け
みせがまえ	店構え
みだし	見出し
みたて	見立て
みたてる	見立てる
みだら	淫ら
みだらだ	淫らだ
みだれ	乱れ
みだれる	乱れる
みち	道
みちびき	導き
みちびきだす	導き出す
みつ、みっつ	三つ
みっか	三日
みつける	見付ける
みとおし	見通し
みとおす	見通す
みとがめる	見とがめる
みとどける	見届ける
みな	皆
みなおす	見直す
みなしご	みなしご

みならい　　見習
みならう　　見習う
みにくい　　見にくい
みのしろきん　　身の代金
みのまわり　　身の回り
みはからう　　見計らう
みはる　　見張る
みはる　　みはる
　目をみはる
みょうにち　　明日
みられる　　みられる
　進展がみられる
みる　　見る
　面倒を見る
みる　　診る
　患者を診る
みる　　…（て）みる
　試してみる
みわける　　見分ける
みわたし　　見渡し
みわたす　　見渡す

【 む 】

むいか　　六日
むかい　　向かい
むかいあう　　向かい合う
むかう　　向かう
むこうがわ　　向こう側
むさぼる　　貪る
むずかしい、むつかしい　　難しい
むずかしさ、むつかしさ　　難しさ
むすびつき　　結び付き
むっつ、むつ　　六つ
むとどけ　　無届け
むなしい　　むなしい
むね　　旨
むらがる　　群がる

【 め 】

め　　…め（接尾語）
　少なめ、長め、細め
めくばり　　目配り
めぐる　　巡る
　池の周りを巡る
めぐる　　めぐる
　我が国をめぐる諸問題
めざす　　目指す
めざましい　　めざましい
　めざましい働き
めだつ　　目立つ
めつき　　目つき
めまぐるしい　　目まぐるしい
めもり　　目盛り
めやす　　目安

【 も 】

もうかる　　もうかる
　もうかる仕事
もうける　　設ける
　席を設ける
もうしあげる　　申し上げる
もうしあわせる　　申し合わせる
もうしいれ　　申入れ
もうしいれる　　申し入れる

もうしおくり　申し送り
もうしおくる　申し送る
もうしたて　申立て
もうしたてにん　申立人
もうしたてる　申し立てる
もうしで　申出
もうしでる　申し出る
もうしのべる　申し述べる
もくと　目途
もぐりこむ　潜り込む
もくろむ　もくろむ
　　悪事をもくろむ
もちあがる　持ち上がる
もちあげる　持ち上げる
もちいる　用いる
もちだし　持ち出し
もちだす　持ち出す
もちはこび　持ち運び
もちはこぶ　持ち運ぶ
もちぶん　持分
もちまわり　持ち回り
　　持ち回り閣議
もちまわる　持ち回る
もちもの　持ち物
もと　下
　　足下、法の下に平等、一撃の下に、
　　連絡の下に、……の所轄の下に、……
　　の指揮の下
もと　元
　　火の元、元が掛かる
もと　本
　　本を正す

もと　基
　　基づく
もとづく　基づく
もとどおり　元どおり
もとより　もとより
ものがたる　物語る
もみけし　もみ消し
もみけす　もみ消す
もめごと　もめ事
もよおし　催し
もよおしもの　催物
もよおす　催す
もより　最寄り
もらう　もらう
　　金をもらう
もらす　漏らす
もんきりがた　紋切り型
もんぜんばらい　門前払い

【や】

やくだつ　役立つ
やくだてる　役立てる
やくぶつらんよう　薬物濫用
やくわり　役割
やさがし　家捜し
やすい　安い
やすい　…やすい
　　読みやすい
やすみ　休み
やすむ　休む
やつ、やっつ　八つ
やまわけ　山分け

やみきんゆう　　ヤミ金融
やみさいと　　闇サイト
やみつき　　病み付き
やむをえない　　やむを得ない
やりがい　　やりがい
やりかた　　やり方
　やり方が分からない
やりすごす　　やり過ごす
やりそこなう　　やり損なう
やりとおす　　やり通す
やりとげる　　やり遂げる
やりとり　　やり取り
やりなおし　　やり直し
やりなおす　　やり直す

【ゆ】

ゆうかい　　誘拐
ゆうぐれ　　夕暮れ
ゆうだち　　夕立
ゆうに　　優に
ゆうゆう　　悠々
　悠々自適
ゆえ　　故
　故なく
ゆえ　　…（の）ゆえ
　一部の反対のゆえにはかどらない
ゆえに　　ゆえに（接続詞）
　ゆえに、……
ゆがめる　　ゆがめる
ゆきあたる　　行き当たる
ゆきかう　　行き交う
ゆきがかり　　行き掛かり

ゆきかた　　行き方
ゆきさき　　行き先
ゆきすぎ　　行き過ぎ
ゆくえ　　行方
ゆくさき　　行く先
ゆすぶる　　揺すぶる
ゆずりうけ　　譲受け
ゆずりうけにん　　譲受人
ゆずりうける　　譲り受ける
ゆずりわたし　　譲渡し
ゆずりわたす　　譲り渡す
ゆする　　揺する
ゆらぐ　　揺らぐ
ゆるがせ　　ゆるがせ
ゆるぎない　　揺るぎない
ゆるしがたい　　許し難い

【よ】

よい　　…（て）よい
　連絡してよい
よう　　酔う
ようか　　八日
ようげきそうさ　　よう撃捜査
ようご　　擁護
ようするに　　要するに
ようやく　　ようやく
よけい　　余計
よこばい　　横ばい
よつ、よっつ　　四つ
よっか　　四日
よっぱらい　　酔っ払い
よっぱらう　　酔っ払う

よのなか　世の中
よびあつめる　呼び集める
よびかけ　呼び掛け
よびかける　呼び掛ける
よびだし　呼出し
よびだしでんわ　呼出電話
よびだす　呼び出す
よふけ　夜更け
よみがえる　よみがえる
よりごのみ　より好み
よりすぐる　よりすぐる
よろこばしい　喜ばしい
よろしい　よろしい
よろしく　よろしく
　よろしくお願いします
よろん　世論

【ら】

らくがき　落書き

【り】

りゅうちょうに　りゅうちょうに
　りゅうちょうに英語をしゃべる
りょうがえ　両替
りょうち　了知

【れ】

れんがづくり　れんが造り
れんけい　連係
　連係動作、連係プレー
れんけい　連携
　友好的な連携、密接な連携を図る

【ろ】

ろうする　弄する
　策を弄する
ろく　六

【わ】

わがくに　我が国
わかちあう　分かち合う
わかる　分かる
　気持ちはよく分かる
わきまえる　わきまえる
わくぐみ　枠組み
わけ　訳
　申し訳ない
わけ　…わけ
　賛成するわけにはいかない
わけまえ　分け前
わざわい　災い
わずかだ　僅かだ
わずらわしい　煩わしい
わずらわす　煩わす
　人手を煩わす、心を煩わす
わたくしする　私する
わたる　わたる
　全体にわたる、1か月にわたる
わりあて　割当て
わりあてがく　割当額
わりあてる　割り当てる
わりいん　割り印
わりきる　割り切る
わりだす　割り出す

わりふる　割り振る
われめ　割れ目
われもの　割れ物
われら　我ら
われわれ　我々

全訂版

国 語 教 材

昭和50年1月30日　初　版　発　行
平成29年3月10日　　8　版　発　行
平成30年3月25日　全 訂 版 発 行
令和6年2月25日　全訂版8刷発行

発行者／星　　沢　　卓　　也
発行所／東京法令出版株式会社

112-0002	東京都文京区小石川5丁目17番3号	03(5803)3304
534-0024	大阪市都島区東野田町1丁目17番12号	06(6355)5226
062-0902	札幌市豊平区豊平2条5丁目1番27号	011(822)8811
980-0012	仙台市青葉区錦町1丁目1番10号	022(216)5871
460-0003	名古屋市中区錦1丁目6番34号	052(218)5552
730-0005	広島市中区西白島町11番9号	082(212)0888
810-0011	福岡市中央区高砂2丁目13番22号	092(533)1588
380-8688	長野市南千歳町1005番地	

〔営業〕ＴＥＬ　026(224)5411　ＦＡＸ　026(224)5419
〔編集〕ＴＥＬ　026(224)5412　ＦＡＸ　026(224)5439
https://www.tokyo-horei.co.jp/

ⓒ Printed in Japan, 1975

本書の全部又は一部の複写、複製及び磁気又は光記録媒体への入力等は、著作権法上での例外を除き禁じられています。これらの許諾については、当社までご照会ください。

落丁本・乱丁本はお取替えいたします。

ISBN978-4-8090-1381-2